Gerhard Ebert
ABC des Schauspielens

AF154253

Gerhard Ebert

ABC des Schauspielens

Talent erkennen und entwickeln

HENSCHEL

Bibliografische Information der Deutschen Nationalbibliothek
Die Deutsche Bibliothek verzeichnet diese Publikation in der Deutschen
Nationalbibliografie; detaillierte bibliografische Daten sind im Internet über
http://dnb.ddb.de abrufbar.

ISBN 978-3-89487-474-2

© 2004, 2024 by Henschel Verlag
in der E. A. Seemann Henschel GmbH & Co. KG, Leipzig

Lektorat: Sabine Bayerl
Umschlaggestaltung: Günter Hennersdorf, Berlin
Titelbild: ullstein bild – Regine Will
Satz und Gestaltung: Ingeburg Zoschke, Berlin
Herstellung: BoD – Books on Demand, Norderstedt
Druck und Bindung: Libri Plureos GmbH, Hamburg
Printed in Germany

www.henschel-verlag.de

Inhaltsverzeichnis

C. Zwischenbemerkungen

D. Fremddarstellung

E. Ausblick in die Praxis

F. Exkurs zum Film

Vorwort

Wer gern Faxen macht, ist noch kein Schauspieler. Er stellt nur Grimassen zur Schau. Wer jedoch jemanden nachahmt, ist auf dem Wege; denn er stellt einen anderen Menschen dar, einen Fremden, den er beobachtet hat. Wer das Nachgeahmte sogar wiederholen kann, obwohl das Vorbild nicht mehr anwesend ist, dürfte mimetisches Talent haben.

Professionelles Schauspielen allerdings beginnt erst, wenn der Nachahmende in der Lage ist, das Nachgeahmte vor Publikum zu wiederholen, und zwar so oft und wann immer es gewünscht wird in annähernd gleicher Qualität! Anders gesagt: Schauspielen beginnt, wenn das spontane Spiel in Arbeit »ausartet«.

Daher sollte, wer glaubt, Schauspieler sei ein so leichter wie einträglicher Beruf, seinen Entschluss noch einmal prüfen. Ohne harte Arbeit wird sich Erfolg nicht einstellen. Wer aber fest entschlossen ist, wird in diesem Buch das notwendige Handwerkszeug finden. Denn ohne Beherrschung grundlegender methodischer Mittel wird der Beruf zur Qual, nicht zur Freude.

Sich verwandeln, in fremde Gestalten, in tragische oder komische Helden aus Gegenwart und Vergangenheit, aus Phantasie und Realität – welch ungeheure Lust und Genugtuung. Gelingen kann das allerdings nicht ohne Wissen über den Menschen und die Gesellschaft; auch nicht ohne ständiges aufmerksames Beobachten von Menschen. Und es bleibt dilettantisch, wenn nicht gelernt wurde, solid zu arbeiten.

Die hier empfohlene Arbeitsmethode wurde über Jahrzehnte an der Schauspielschule Berlin (heute Hochschule für Schauspielkunst »Ernst Busch«) entwickelt und praktiziert. Sie ist ausführlich dargelegt in den Büchern »Improvisation und Schauspielkunst« und

»Schauspielen – Handbuch der Schauspieler-Ausbildung«, beide erschienen im Henschel Verlag. In vorliegendem Band wird die Arbeitsmethode in neuer Aufarbeitung praktikabel zusammengefasst.

Berlin 2003
Gerhard Ebert

A. Voraussetzungen

A.1 Wozu Schauspielen?

Wozu Schauspielen? Zum Ergötzen des Publikums? Um zu schockieren? Mit der Gewissheit, dass der Menschheit Probleme nicht zu lösen sind? Um die Zuschauer endgültig aus dem Theater zu vergraulen? Und das in Zeiten, die alles andere als günstig sind für Theater und Schauspielkunst? Immer weniger Geld in den Kassen der Städte. Schließungen von Theatern. Und die Theaterleute? Suchen sie die Kommunikation? Mobilisieren sie ihr Publikum? Oder sind sie eher mit sich selbst beschäftigt? Womit überhaupt lassen sich Zuschauer in die Theater locken? Mit der Wahrheit? Mit alten Geschichten, neu erzählt? Mit neuen Geschichten, alt erzählt? Oder ist das Theater ohnehin eine überholte Einrichtung aus Zeiten, als elektronische Medien noch nicht zur Verfügung standen?

Viele Fragen. Unwägbarkeiten. Unsicherheiten. Dennoch folgen junge Menschen immer wieder zuversichtlich dem geheimnisvollen Drang, sich auf einer Bühne zu verwandeln – mit Phantasie und Spielfreude in der verzaubernden Welt des Theaters sie selbst und zugleich ein anderer Mensch zu sein. Es drängt sie zu dem uralten Medium, das, von den modernen Zeiten gebeutelt, nichts an ursprünglicher Faszination eingebüßt hat.

Im Schauspiel spiegelt sich der Mensch elementar wie nirgendwo sonst. Und der Schauspieler ist das Medium. Durch ihn, mit ihm, mit seinem Spiel wird gefragt, was den Menschen umtreibt, was ihn durch die Zeiten treibt. Und die Antworten wandelten sich im Laufe der Jahrtausende.

Der vorantike Mime glaubte, die Triebe seien die Bewegkraft für die Handlungen des Menschen. Folgerichtig waren der Phallus und ein dicker Bauch die simpel-drastischen Ausdrucksmittel. Aber den Trieben wurde nicht ewig Ausschließlichkeit zugebilligt. Die Gesellschaft der Sklavenhalter huldigte der Allmacht der Gottheiten, und das antike Theater spiegelte Menschwerdung im Ausgeliefertsein an Göttermacht und im Aufbegehren gegen diese. Große Masken, erhabene Gebärden und feierlich-tragische Deklamation im gewaltigen Rund der Amphitheater. Das Mittelalter hielt die Gläubigkeit des Menschen für dessen Triebkraft. Himmel und Höllenschlund auf der Simultanbühne, grimmige Teufel und ohnmächtige arme Sünder. Das junge bürgerliche Theater suchte menschliche Vernunft zu spiegeln, und dies in Abkehr vom Bild höfischer Etikette des Klassizismus. Die Bürger jedoch, erst einmal etabliert, hatten schließlich immer weniger Interesse an rationaler Aufklärung. In ihren Theatern avancierten die privaten Gefühle zur zentralen Kategorie des Schauspielens. Die Seele wurde seziert, in ihre Tiefen gelotet, und das Instrument des Schauspielers, sein Körper, zum empfindsamen Organ ausgebildet, fähig, innerste seelische Regungen suggestiv nach außen zu kehren. Erstaunliche Bereicherung, doch auch Ignoranz – Ausgrenzung sozialer Triebkräfte.

Hier scheiden sich die Geister noch heute. Modernes, nämlich sozial realistisches Schauspielen eliminiert weder die Triebe, die Ratio noch die Gefühle, aber es weiß um die Priorität gesellschaftlicher Triebkräfte. Insofern ist es opulent. Sehr geeignet, Zuschauer neugierig zu machen. Auf Menschen, auf Wahrheit, Gerechtigkeit, Liebe.

A.2   Bin ich talentiert?

Bin ich talentiert? Das ist die immer wieder quälende Frage. Jedenfalls für jene, die Schauspieler werden wollen. Eine absolute Antwort gibt es nicht. Im Grunde hat jeder Erwachsene ein verborgenes Talent; denn als Kind spielte er Tag für Tag. Im Nu war er Schaffner, Prinzessin, Pilot, Verkäuferin oder Lokomotivführer. Und am Verkleiden hatte er ganz besonderen Spaß, nicht nur zum Karneval. Welche Gaudi, sich zu verwandeln, mit Kostüm und Maske irgendwer zu sein, ein Schornsteinfeger, ein Polizist, eine Hexe …

Doch der kindliche Spieltrieb wird durch die Schule, in der gelernt werden muss, durch Erwachsene allgemein, früher oder später ausgebremst. Da der angeborene gesunde Spieltrieb für das normale alltägliche Zusammenleben der Menschen nicht gebraucht wird, wird er auch nicht gehegt und gepflegt. Ganz im Gegenteil, wenn man sich verstellt, ein anderer vorgibt zu sein als man ist, wird einem das von den Leuten sogar – und wohl auch zu Recht – übel genommen. Man hat im Leben nicht zu spielen, sondern sich zu behaupten und im Übrigen aufrichtig zu sein ...

Aber der menschliche Spieltrieb ist unschuldig! Und Schauspielen ist auch kein verlogenes Verstellen, sondern ehrliche künstlerische Arbeit, die sich auf den Spieltrieb stützt, wenngleich dieser allein für das Schauspielen als Beruf nicht ausreicht. Zwar schließt der Spieltrieb berufsbestimmende Kriterien ein, nämlich das Bedürfnis zur Selbstäußerung und den Wunsch, mit Zuschauern zu kommunizieren, doch erst harte Arbeit »adelt« den Spieltrieb, lässt ihn Kunst hervorbringen.

Wie auch immer, sich zum eigenen Spieltrieb zu bekennen, erfordert zuweilen sogar Mut. So manche Eltern sind nämlich überhaupt nicht erfreut, wenn ihre Kinder eines Tages die Absicht äußern, Schauspieler werden zu wollen. Der Kompromiss ist meist, dass sie von ihrem Spross fordern, erst einmal einen »ordentlichen Beruf« zu erlernen. Für die Teens heißt dies, dass sich die Zeit bohrender Ungewissheit verlängert. Denn wer den Drang in sich spürt, die Spiellust seiner Kindheit wieder zu beleben und gar zum Beruf zu machen, möchte nur allzu gern und möglichst bald wissen, ob er seiner inneren Stimme trauen kann.

Was kann ein junger Mensch von seinem mimischen Drang halten?

Zunächst einmal muss sie oder er wissen, dass geschminkt in einem TV-Studio zu stehen und dort so apart wie korrekt zu posieren, keinerlei Talentbeweis ist. Hingegen ist die Fähigkeit, beispielsweise auf einer Geburtstagsfeier einen Gast glaubhaft zu imitieren, schon eher ein Zeichen. Da zeigt sich nicht nur der Mut, sich zu exponieren, zur Schau zu stellen, sich zu veröffentlichen, sondern auch die Lust, zu beobachten, nachzuahmen, also sich zu verwandeln. Zwar kurz und simpel, aber immerhin!

Ob solche Freude an spontaner »Schaustellung« für den Beruf ausreicht, ist damit freilich noch nicht erwiesen. Aber derlei Vermögen ist auf jeden Fall wertvoll. Der Spieltrieb zumindest scheint bei dem Betreffenden nicht verschüttet zu sein, sondern nach wie vor vital, wenn auch noch scheu verborgen und daher meist höchst unruhig und aufsässig. Ihn gilt es zu hegen, indem man ihm immer wieder Gelegenheit gibt, sich zu äußern. So hilft man ihm, sich zu kräftigen und zu entwickeln.

Eine Gelegenheit dafür bietet sich durchaus in Laienspielgruppen, wo man seinen Spieltrieb sozusagen echt füttern kann. Ein gewisses Risiko besteht freilich, wenn die Gruppe von einem so ehrgeizigen wie ahnungslosen Leiter zu etwas angestiftet wird, was mit Schauspielkunst wenig zu tun hat. In solch einem Falle kann ein Talent verbogen werden, ehe es bemerkt wird. Besonders schlimm ist die Sache, wenn sich bestimmte antrainierte, meist äußerliche »Macken« verfestigen und der Laienspieler diese sogar für besonders künstlerisch hält. Solche Bewerber an Schauspielschulen sind oft sogar sehr von sich eingenommen und glauben, eigentlich schon perfekt zu sein. Wer beispielsweise in einer Amateurgruppe immer wieder dazu angehalten wurde, seinen Text laut und flott »herunterzuleiern«, also einfach drauafloszuspielen, ohne zu prüfen, welche Impulse bei der Figur eigentlich zu dem Text führen könnten und was das gestisch für das Verhalten der Figur bedeuten könnte, sollte sich ernsthaft fragen, ob seine Mitwirkung in dieser Gruppe seinem Spieltrieb dienlich oder schädlich ist.

Zuweilen allerdings ist ein Talent scheu und hat kein Selbstvertrauen. Doch wer wenig Neigung spürt, auf diversen Feiern den nachahmenden »Kasper« zu machen, muss deswegen nicht gleich talentlos sein. In dem Beruf, von dem man träumt, ist man schließlich nicht nur auf sich selbst angewiesen. Da gibt es Partner mit ihrem Spiel, und da gibt es insbesondere Autoren mit ihren Texten, hinter denen sich der Akteur immer auch ein wenig verstecken kann.

Wer also gerne und oft dramatische Texte liest, sie gar heimlich im Zimmer für sich spricht und spielt, darf dieser Neigung schon ein wenig vertrauen. Und dies umso mehr, desto heftiger und nachhaltiger es ihn drängt, sich mit Hilfe fremder Texte und mit Hilfe seiner Phantasie in eine andere, ihm fremde Figur zu verwandeln.

Die nun ist freilich unbedingt erforderlich: Phantasie, also das Vermögen, sich an Hand des Textes eine Gestalt aus einem Stück vorzustellen. Und wenn es gar gelingt, diese Vorstellung als Impuls zu nutzen und im Spiel mit dem Text für die Figur charakteristische

Haltungen sichtbar zu machen, kann man zuversichtlich sein, dass irgendwo eine Prüfungskommission einer Schauspielschule sitzt, die das zu würdigen weiß. Aber Geduld muss man haben!

Denn das ist ein weiterer Talentbeweis: Sollte die erste Kommission, der man sich stellt, negativ entscheiden, darf das den angehenden Schauspieler nicht wankend machen! Talent beweist sich auch darin, dass es an sich glaubt, komme, was wolle.

Das »innerste Geheimnis« des Talentbeweises steckt im von der Natur mitgegebenen Vermögen, den Spielimpuls hin zu einer Figur gedanklich auszulösen, und dies so elementar spielerisch, dass der Impuls sich ohne weiteres dem Körper mitteilt, von da zur Geste führt und erst von der Geste dann auch zum Wort. Alsbald lassen sich aus dem organischen Wechselspiel mehr oder weniger deutlich, oft überraschend plastisch Merkmale einer lebendigen Gestalt ablesen. Beim großen Talent ist diese auch emotional angereicherte mimetische Fähigkeit a priori so selbstverständlich vorhanden, dass die Ausbildung zuversichtlich von da ausgehen kann. Beim normalen Talent bedarf es des pädagogischen Feingefühls der Lehrer, die Ansätze bewusst zu machen und zu entwickeln, ohne dass es zu Verkrampfungen und Verklemmungen kommt.

Dem Talentbefund förderlich ist, wenn die soeben beschriebene spontane Impulsfähigkeit beim Bewerber mit dem Vermögen gekoppelt ist, den Spielvorgang in Gesten und Worten organisch zu fügen und zu gliedern – sich Zeit zu nehmen, den Ausdruck und das ihm folgende Wort glaubhaft entstehen zu lassen. Und zwar ohne aufgesetzte mimische Sperenzien, was gemeinhin zu ärgerlichen Grimassen führt. Das Talent hat a priori ein Gespür dafür, auf der Bühne scheinbar mühelos locker und natürlich als eine bestimmte Figur zu handeln.

A.3 Was ich mitbringen sollte

Natürlich sollte ein Schauspieler in spe gesund sein – gesund an Körper und Geist. Der Beruf erfordert den Einsatz des ganzen Körpers, zuweilen bis hin zu großer artistischer oder gar akrobatischer Fertigkeit. Und auch geistige Vitalität wird gebraucht, insbesondere ein gutes Gedächtnis.

Was Statur und Aussehen betrifft, haben sich die Kriterien merklich verschoben. Heutzutage wird auch schon mal ein kleiner Dicker als Held eingesetzt; so lange es im Schauspiel spezielle »Rollenfächer« gab, denen man entsprechen musste, war das nicht möglich. Die aus dem 18. Jahrhundert stammenden Grundtypen wie Väter- und Mütterdarsteller, Heroen, Heroinen, Liebhaber, Liebhaberinnen, Intriganten, Lakaien und Soubretten bieten zwar durchaus noch eine gewisse Orientierung, sind aber in der Praxis kaum mehr von Bedeutung. Man wird also von einer Prüfungskommission nicht in dieser Hinsicht begutachtet.

Eine gewisse Rolle spielen kann allerdings das Verhältnis zwischen spürbarem Talent und der Gestalt, in der es steckt. Sollten die Pädagogen hier ein Missverhältnis empfinden, so ist fraglich, ob sie sich in der Lage sehen, den offenbaren Widerspruch produktiv zu machen. Im besten Fall könnte das später sogar einmal den besonderen »Marktwert« dieses Talentes ausmachen. Allerdings ist auch möglich, dass sich die Pädagogen nicht zutrauen, einen solchen Bewerber fit auf den »Markt« zu bringen.

Insofern haben es die Bewerber am leichtesten, denen die Natur zu ihrem Talent einen passablen Körper geschenkt hat. Und wunderbar geradezu, wenn dieser Körper auch geistig so ausgestattet ist, dass er in jeder Hinsicht als Persönlichkeit Aufmerksamkeit für sich beanspruchen kann. Natürlicher Charme und angenehmer Humor sind immer Ingredienzien, die einen Menschen empfehlen.

Überraschend kann, was im Alltag auffällt, auf der Bühne ganz und gar unscheinbar sein. Immer wieder passiert es, dass Bewerber ins Auge fallen, solange sie im Parkett in der Runde der Kandidaten sitzen, aber blass wirken, sobald sie die Bühne betreten. Und umgekehrt kann es geschehen, dass ein »graues Mäuschen«, das völlig unbeachtet blieb, auf der Bühne geradezu aufblüht.

Worin besteht also das »Geheimnis« der Persönlichkeits-Ausstrahlung auf der Bühne?

Letztlich ausschlaggebend ist, was ich mimetisches Potential nenne, nämlich die Fähigkeit, spontan charakteristische gestische Impulse und adäquaten sprachlichen Ausdruck zu glaubwürdigem Spiel einer Figur zu formen. Steckt dieses mimetische Potential obendrein in einer Persönlichkeit, die dem Spiel eine originelle Note zu geben vermag, so resultiert daraus der ganz eigene Zauber des Talents. Präzision und Harmonie der Bewegung im Raum, Ruhe und Souveränität der Haltung. Fast magisch zwingt ein solches Talent den Zuschauer in die Aufmerksamkeit.

Doch wie werde ich eine Persönlichkeit? Habe ich darauf überhaupt irgendeinen Einfluss? Viel gibt tatsächlich die Natur vor, also das genetische Erbe von Mutter und Vater. Aber ein wenig nachhelfen kann man schon.

Man sollte viel lesen, dabei aber zugleich immer im Kopf behalten, dass man sich allein mit Lesen nicht zu einer Persönlichkeit formen kann. Das Studium diverser Bücher bereichert das Wissen und insofern auch die Person, aber letztlich wird die lebenserfahrene Persönlichkeit in der Praxis geprägt, im Leben, in den Auseinandersetzungen des Alltags.

Der Alltag indessen – das ist so ungerecht wie vieles im Leben – spielt den Menschen unterschiedlich mit. Das heißt, die Chancen sind ungleich verteilt. Wer aus welchen Gründen auch immer schon in jungen Jahren arg gebeutelt wurde, ist zwangsläufig gereifter als einer, der schön behütet aufzuwachsen das Glück hatte.

Insbesondere jene, die bislang ohne drastische Schicksalsschläge – Tod der Eltern, Unglück von Freunden – durchs Leben gekommen sind, sollten versuchen, ihren Erfahrungsschatz bewusst selbst anzureichern. Das beste Mittel in dieser Hinsicht ist, sich in Lebensbereiche der Gesellschaft zu begeben, die einem bislang fremd und unerschlossen geblieben sind und also zwangsläufig neue, unbekannte Wirklichkeiten eröffnen, in denen man Erfahrungen sammeln und als Persönlichkeit reifen kann.

Unter diesem Aspekt kann die – wenn auch aus ganz anderen Gründen erhobene – Forderung der Eltern, erst einmal einen »ordentlichen Beruf« zu erlernen, ausgesprochen nützlich sein. Jeder Beruf, insbesondere die Ausübung eines tätigen Handwerks, bringt Begegnungen mit Menschen, verwickelt in Konflikte und erweitert den Horizont.

Junge Männer sollten nun nicht etwa zu Einbrechern mutieren und junge Frauen nicht zu Prostituierten, aber Milieustudien, wo auch immer, sind stets nützlich. Denn wichtig ist, Menschen kennen zu lernen, ihre Lebensgewohnheiten genau zu beobachten und das Gesehene möglichst getreu im Gedächtnis abzuspeichern. Also ins volle Menschenleben greifen, sich nicht verlieren dabei und zugleich das Erfahrene gut abspeichern – darin besteht die »Kunst«, sich als Persönlichkeit voranzubringen.

Begibt man sich bewusst in ein solch herausforderndes Wechselverhältnis mit der Wirklichkeit, so kann man sich selbst prüfen, ob und wie weit man als Mensch aktiv das Leben gestaltet. Wer es nämlich vorzieht, die Ereignisse des Tages möglichst beschaulich hinzunehmen, sie also nur anzuschauen, statt auf sie Einfluss zu nehmen, darf nicht erwarten, sich damit wesentlich »anzureichern«.

Das heißt natürlich nicht, dass man sich immer und überall ganz ohne Grund einmischen soll. Allgemeine Regeln des menschlichen Zusammenlebens sind zu respektieren. Auch ist oberflächlicher, in sich selbst verliebter, eigentlich leer laufender Aktionismus, insbesondere redseliger Umgang mit Menschen, nicht das erstrebenswerte Ziel.

Vielmehr sollte man versuchen, es sich zur Lebensmaxime zu machen, Problemen nicht auszuweichen, sondern sich ihnen zu stellen. Und wenn man eine gewisse Neigung bei sich bemerkt, notwendige Entscheidungen lieber zu vertagen, muss dies hellhörig machen. Phlegma, Antriebsarmut oder gar Faulheit sind keine Ingredienzien für eine in der Kunst produktive Persönlichkeit. Auch verträumt sollte sie nicht sein, nicht versponnen in letztlich weltfremde Vorstellungen. Hingegen geradezu gefordert ist reiche Phantasie, große Vorstellungskraft und Freude am phantastischen Traum, am geistigen Um- und Neubilden der Realität.

Grundsätzlich sollte man sich darüber im Klaren sein: Am besten prägt die Praxis die Persönlichkeit, das heißt das bewusste Hineinbegeben in die Lebensprozesse und nicht nur deren Betrachtung. In diesem Sinne ist es ratsam, sich im Leben auszuprobieren, die eigene Wirkung auf andere Menschen auszuloten und dabei genau zu beobachten, wie unterschiedlich die Reaktionen ausfallen.

Die Gelegenheiten für solche Tests beziehungsweise für ein solches »Lebens-Training« sind zahlreich. Wenn man sich immer bewusst ist, dass man nicht auf der Bühne, sondern im wirklichen Leben steht, also zwar insgeheim spielt, aber real handelt, wird man mögliche Konfliktsituationen nicht unzulässig ausreizen. Denn das Gegenüber, das in eine Auseinandersetzung verwickelt wird, sollte nicht ahnen, dass es eigentlich nur als Testperson fungiert. Folglich müssen die Aktionen und vor allem die eigenen Worte immer wahrscheinlich sein. Und auch Tadel muss man schon einmal hinnehmen können, wenn man sich in den Augen anderer »unmöglich« benimmt.

Der Alltag hält viele Möglichkeiten bereit. Zum Beispiel kann man eine potentielle Konfliktsituation konstruieren, wenn man sich dort, wo sich Menschen aus bestimmtem Grund ordentlich einreihen, einfach dreist nach vorn drängelt. Etwa am Fahrkartenschalter. Geschieht das zu offenkundig, bedarf es eines großen Geschicks, die aufgeregten Gemüter zu beruhigen. Oder: Im Theaterparkett kann heftig ein Platz beansprucht werden, obwohl man weiß, dass man die entsprechende Sitz-Nummer nicht hat. Man kann ein Hin und Her provozieren, schließlich noch einmal auf die eigene Karte schauen und feststellen, dass man im Unrecht ist. Oder: In einem Restaurant besteht man darauf, sich an einen Tisch zu setzen, der bereits reserviert ist. Oder: Im nämlichen Restaurant beanstandet man eine Speise. Oder: Beim Kauf einer Ware bemerkt man Nachteile, gar Mängel und beginnt zu feilschen.

Natürlich wird man unter Umständen als »Rüpel« abqualifiziert werden. Aber von Mal zu Mal wächst die Cleverness im Umgang mit Menschen. Empfehlenswert ist, solche kleinen Konflikte nicht nur verbal auszutragen, sondern bewusst gestisch zu untermauern. Dabei sollte darauf geachtet werden, ein Gefühl für die Vorgänge zu bekommen, damit sie im eigenen Erfahrungsschatz so plastisch wie möglich archiviert werden.

Wer im Umgang mit Menschen Scheu abgelegt und eine gewisse selbstbewusste Souveränität gewonnen hat, dem wird das auf der Bühne im Spiel mit dem Partner hilfreich sein. Freilich nur dann, wenn sich die Dinge nicht verfestigt haben. Fatal, wenn jemandem statt reicher Verwandlungsfähigkeit schließlich nur noch glatte Routine zur Verfügung steht.

Was den gesunden Körper betrifft: Wer sich im richtigen Bemühen, reiche und vielfältige Beziehungen ins reale Leben zu haben, körperlich überfordert und verbraucht, muss prüfen, wie weit ihm seine Natur das erlaubt. Sich voll ausleben gehört zwar zum künftigen Beruf, aber ebenso das Wissen um die eigenen Grenzen. Wer sich also bewusst körperlich fit hält, tut ganz sicher das Richtige für Erfolg im Beruf. Sehr schlecht beraten jedoch ist, wer sein eigenes Werkzeug, nämlich sich selbst, leichtfertig ruiniert.

A.4   Die Prüfung

A.4a   Wie bereite ich mich vor?

In der Regel verlangen Schauspielschulen, dass der Bewerber einer Prüfungskommission zwei, drei Rollenausschnitte aus verschiedenen Stücken der Weltdramatik vorspielt. Mit welchen Rollen und Szenen er sich vorstellt, ist für jeden Bewerber also eine Kardinalfrage.

Zunächst einmal sei empfohlen, sich selbst zu vertrauen, sich also etwas zuzutrauen.

Gelegentlich lässt sich ein Bewerber schon einmal von einem gestandenen Schauspieler unter die Arme greifen. Er spricht zunächst ihm vor und lässt sich beraten und korrigieren, bezahlt unter Umständen sogar mehrere Proben. Das kann helfen, kann erfolgreich sein. Gerät er freilich an eine kundige Prüfungskommission, wird diese sofort spüren, dass das Angebot des Bewerbers nicht »auf dessen Mist« gewachsen ist. Und es ist dann fraglich, ob die Prüfer unter dem Eingeübten noch das eigentliche Talent zu erkennen vermögen.

An Schauspielschulen, an denen Bewerber in einer Eignungsprüfung vorsortiert werden, wird ein solcher Kandidat zu einem zweiten Vorsprechen bestellt werden, verbunden allerdings mit der Auflage, sich nichts antrainieren zu lassen – schließlich möchte man seine Begabung kennen lernen und nicht das, was irgendein Kollege mit ihm eingeübt hat. Hat jedoch das »Eingeübte« dazu geführt, dass man diese erste Hürde genommen hat, so scheint der Schritt letztlich doch gerechtfertigt zu sein. Es sei hier also nicht grundsätzlich davor gewarnt. Der Erfolg heiligt in diesem Falle das Mittel.

Indessen erfährt man mehr über sich selbst, über sein wahres Talent, wenn man sich der Sache offen stellt, also wirklich mit eigenen Arbeiten vor der Kommission erscheint. Welche Arbeiten sollten das sein?

Meist hat der Bewerber schon seit langem zwei, drei Figuren der Weltdramatik im Hinterkopf, zu denen er sich aus letztlich unergründlichen Motiven hingezogen fühlt. Er sollte nicht darüber grübeln, weshalb das so ist, sondern vielmehr seiner inneren Stimme folgen. Auch eine daraus resultierende scheinbar widersprüchliche Auswahl kann stimmig sein.

Wer beispielsweise heftige verbale Auseinandersetzungen lieber meidet, der sollte sich nicht unbedingt für Schillers Karl aus den »Räubern« interessieren. Es sei denn, er will sich bewusst eben mit und über diese Rolle mobilisieren. Das jedoch ist im Moment nicht die Aufgabe und wird erst später in der Ausbildung zu bewältigen sein.

Jetzt, für die Aufnahmeprüfung, kommt es darauf an, sich Aufgaben zu stellen, die lösbar scheinen. Also sich von der eigenen Empfindung leiten zu lassen und Figuren zu suchen, die einem in ihrem Verhalten und in ihren Entscheidungen nahe liegen. Ganz genau kann man das nicht wissen, aber, ob man will oder nicht, entwickelt sich ein bestimmtes Gefühl für jede Figur, der man sich über die Lektüre nähert. Wenn man ihre Entschlüsse im Verlaufe der Handlung nicht versteht, sollte man sie nicht zu spielen versuchen.

Denn das ist einer der Knackpunkte jeder Prüfung: Wenn es ein Bewerber schafft, in den Momenten zu überzeugen, in denen seine Figur in einem Konflikt eine Entscheidung trifft, wächst das Zutrauen zu seinem Talent. Insofern ist man gut beraten, sich eine Figur auszuwählen, die ähnlich entscheidet, wie man das selbst auch tun würde. Dann nämlich ist die Wahrscheinlichkeit relativ groß, dass man für die Figur treffende spielerische Mittel findet, die man trotz aller Aufregung überzeugend zu erspielen vermag. Immer muss man sich klar darüber sein, dass die Zuschauer da unten im Parkett nicht nur hören, sondern vor allem sehen wollen, was bei einer Figur vorgeht, wenn sie dies oder jenes entscheidet.

A.4b Was die Kommission erwartet

Eine Prüfung ist eine anstrengende Veranstaltung. Darauf muss man gefasst sein, so freundlich einen die Damen und Herren der jeweiligen Schule auch begrüßen mögen. Letztlich ist man in dem Moment, in dem man auf der Bühne loslegen soll, allein.

Bewerber, die auf die Idee kommen, sich einen Partner mitzubringen in der Hoffnung, dass es dann leichter wird, weil man sich an dem vertrauten Menschen auf der Bühne ein bisschen »festhalten« kann, können von Glück reden, wenn die Kommission sich gnädig zeigt und das Partnerspiel zulässt. Ein Risiko ist es auf jeden Fall, es sei denn, man hat sich vorher schon danach erkundigt und grünes Licht bekommen.

Ratsam ist ein solches Partnerspiel allerdings nicht, weil es zum Beispiel sein kann, dass der Partner, den man mitgebracht hat, besser abschneidet, obwohl er gar nicht zur Bühne will. Hat man sich einen bereits ausübenden Profi mitgebracht, kann die Sache noch ungünstiger ausgehen, weil bei der Kommission unnötigerweise Vergleiche in die Auswertung geraten können, die für die Einschätzung des eigenen Vorspiels ungünstig sind.

Ein mitleidiges Schmunzeln hinter vorgehaltener Hand erntet, wer gar auf der Bühne zwei Figuren im Dialog loslegen lässt, also die Gegenfigur der eigenen Figur gleich mitspielt. Aufgrund eines gütigen Geschicks kann dies zwar so intelligent oder urkomisch gelingen, dass die Kommission ein Talent zu erkennen glaubt. Aber zu empfehlen ist ein solches Vorgehen nicht.

Was die Damen und Herren sehen wollen, sind Rollenausschnitte von ein, zwei, manchmal auch zwei, drei Figuren der Weltdramatik. Das besondere Problem dabei ist, dass diese Figuren der Weltdramatik gespielt werden müssen, ohne dass die jeweiligen Gegenfiguren auf der Bühne agieren. Daher ist es naheliegend, sich Monologe auszusuchen und so die leidigen Gegenfiguren zu umgehen, die man sich sonst, da sie nicht real anwesend sind, immerzu vorstellen müsste. Das ist eine leider unvermeidbare zusätzliche Belastung, wie sie später im Beruf nicht mehr vorkommt, außer bei Bewerbungen, wenn man dem Herrn des Hauses auf leerer Bühne vorsprechen muss.

Entscheidet man sich für einen Monolog, muss man sich allerdings im klaren darüber sein, dass es in der Regel schwer ist, dazu Spiel zu erfinden. Die Gefahr ist groß, dass man sich nur hinstellt und den Text im besten Fall einigermaßen variabel, im schlimmsten Fall monoton aufsagt. Wenn trotzdem ein, zwei echte Impulse gelingen, kann das einer Kommission schon genügen. Ein gewisser Vorteil liegt immerhin darin, dass man sich im Monolog nur mit sich selber auseinandersetzen muss, möglicherweise sogar Raum und Zeit außer acht lassen kann. Es hängt letztlich sehr von den

Wertungs-Maßstäben der jeweiligen Kommission ab, ob sie zum Beispiel mit Leidenschaft pur schon zufrieden ist oder einfordert, die Leidenschaft einem Gedanken zuzuordnen.

Hat sich der angehende Schauspieler für eine Figur entschieden, die sich in einem Dialog befindet, so ist es günstig, wenn nur eine Gegenfigur im Raum ist. Sobald die Figur mit zwei oder gar drei Partnern zu tun hat, wird es für den noch unkundigen Bewerber sehr schwer, sich diese Figuren unentwegt vorzustellen und dabei das eigene Spiel samt Text nicht zu vergessen. Also empfiehlt es sich, Rollenausschnitte zu wählen, in denen die eigene Figur sich mit nur einem Gegenüber auseinander zu setzen hat.

Zudem sollte darauf geachtet werden, welche Requisiten für die Szene nötig sind und ob diese dann auch zur Prüfung mitgebracht werden können. An einem vertrauten Requisit kann man sich nämlich in ungewohnter Umgebung gleichsam »festhalten« wie an einem Partner. (Zur Not kann man sogar einen eigenen Stuhl mitbringen.) Und Kandidaten, die auf diese Weise, gewollt oder ungewollt, gründliche Vorbereitung demonstrieren, können schon einmal ein gewisses Plus für sich verbuchen. In der Regel stehen im Prüfungsraum Stuhl, Bett oder Couch zur Verfügung.

Anders ist das mit dem Kostüm. Das sollte tatsächlich mitgebracht werden, also nicht aus einem Kostümverleih stammen, weil beispielsweise ein historisch originalgetreues Kleidungsstück meist nicht richtig passt. Das Wams hängt dann an einem herum, ohne dass man es füllen kann. Die Devise sollte also lauten: eher zurückhaltend sein und genau prüfen, welches Kostümdetail wirklich etwas für das eigene Spiel bringt.

Man sollte sich nicht darauf verlassen, den passenden Hut oder die passende Handtasche im Prüfungsraum vorzufinden, sondern für diese Requisiten besser selbst sorgen. Es ist ungünstig, auf der Bühne mit einem wenige Minuten vor dem Spiel ausgewählten Gegenstand zu hantieren. Zwar bringt das Spontaneität, Unmittelbarkeit, also Echtheit ein, kann aber auch kläglich schief gehen.

Beim Üben der Szene zuhause sollte also grundsätzlich bereits mit Requisiten gespielt werden, die man dann auch zur Prüfung mitnimmt. Dem Bewerber sollte bewusst sein, dass er mit der Art und Weise, wie die Figur mit dem Requisit umgeht, im Spiel eine Menge über die Figur mitteilen, ja dass er sie unter Umständen sogar über das Requisit aufbauen kann. Doch man hüte sich vor beiläufigem Herumhantieren, nur um mit dem Requisit irgendetwas zu machen; damit verrät man gnadenlos, dass einem rein gar nichts eingefallen ist.

Wenn man dann also loslegt und einem die Sinne schwirren, sollte man sich nicht selbst unterbrechen, weil einem etwas nicht so gelungen zu sein scheint, wie man es zu Hause probiert hat. Es gibt Bewerber, die sich sogar mehrmals unterbrechen, weil sie glauben, es besser machen zu müssen und zu können; im Grunde helfen sie sich damit nicht. Es hängt dann sehr von der Laune der Kommission ab, ob sie zu solch Zögerlichem Zutrauen hat oder einfach abwinkt.

Am besten schneiden die Bewerber ab, die tapfer über eine »Untiefe« hinwegspielen, es sei denn, es ist etwas ganz und gar Unpassendes passiert. Etwa wenn mitten im Spiel eine Tür umfällt, weil sie schlecht befestigt war, dann sollte man nicht so tun, als sei das nicht geschehen. Hier kann und muss neu begonnen werden, und jede Kommission wird das erwarten.

A.4c   Schul- oder Privatausbildung?

Sich privater Ausbildung zu verschreiben, ist zwar ein relativ kostspieliger, aber bequemer Weg. Insbesondere wenn man vom schnellen Erfolg bei Film und Fernsehen träumt und eigentlich nur seine attraktive Jugendlichkeit verkaufen möchte. Mit einem solchen Ziel vor Augen ist ein bisschen antrainierte mimische Versiertheit wahrscheinlich sogar ausreichend, um rasch Erfolg zu haben bei den genügsamen Medien. Aber das wirklich gründliche Erlernen des Handwerks als Basis für eine solide berufliche Karriere ist nur an einer ausgewiesen guten Schule möglich.

Es hat in Deutschland einen jahrzehntelangen und letztlich erfolgreichen Kampf kluger Theaterleute um staatliche Verantwortung für den schauspielerischen Nachwuchs gegeben, das heißt für die Möglichkeit einer staatlich gesicherten schulischen Ausbildung wie bei Musikern oder bildenden Künstlern. Dennoch sind Privatschulen wie Pilze aus dem Boden geschossen und werden nach wie vor gegründet. Dort wird leider oft wenig geboten, und es ist nur ein sicherer Weg, von jungen, unerfahrenen und erwartungsfrohen Leuten viel Geld abzuzocken.

Unterstellt, dass es nicht um Geldschneiderei geht, bleibt dennoch das Problem bestehen, dass Privatausbildung – ob bei einem einzelnen Schauspieler oder an einer privaten Schule – immer vom Stil eines bestimmten Künstlers geprägt wird. Das heißt, dass man letztendlich so zu schauspielern veranlasst wird, wie eben dieser betreffende Künstler seinen Beruf begreift und ausübt. Man schaue sich also sein Spiel auf der Bühne an, weil davon ausgegangen werden kann, dass er seine Art zu spielen auch zu vermitteln versucht. Und wenn er bei den Medien im Moment gerade gut im Kurs steht, ist nicht unwahrscheinlich, dass man als Mini-Ausgabe dieses Künstlers gewisse Chancen hat. Das bedeutet nun nicht, dass Privatlehrer den Nachwuchs grundsätzlich nach ihrem Bilde zu formen versuchen, aber es ist eine Tatsache, dass sie im Grunde kaum andere Möglichkeiten haben.

Die Vielseitigkeit einer staatlichen schulischen Ausbildung ist der Privatausbildung immer überlegen. Zumal Grundlagen des Berufs wie Sprechen und Bewegen im engeren Sinne sowie Tanzen und Singen im weiteren Sinne heute unbedingt dazu gehören, aber – von Ausnahmen abgesehen – von privaten Schulen meist nicht im organischen, sich ergänzenden Zusammenhang mit der schauspielerischen Grundausbildung angeboten werden können.

In privater Ausbildung kann des Weiteren oft nicht ausreichend geübt werden, was für den angehenden Schauspieler von geradezu elementarer Bedeutung ist: das Spielen vor Publikum. Sicher, es gibt die Geheimniskrämerei der Privatlehrerinnen oder -lehrer so gut wie nicht mehr, die unter Berufung auf schöpferische Intuition mit ihren Schülern unter Ausschluss der Öffentlichkeit arbeiteten. Da strömte es hier, da strömte es dort, die Gefühle und Leidenschaften wurden dressiert, aber sobald der Schüler seiner eigentlichen Bestimmung zugeführt wurde, nämlich vor Zuschauern zu spielen, geriet er in Schwierigkeiten, weil ihn die Zuschauer störten ...

Wer sich für eine Schule interessiert, in der noch immer »mit der vierten Wand« gespielt wird und nicht grundsätzlich mit Publikum, sollte nachdenklich werden. So gut der Ruf dieser Schule auch sein mag, ihm muss klar sein, dass er dort seinen Beruf sozusagen in der Retorte trainiert, nicht in dessen grausam-elementarer Bestimmung, nämlich sich vor Zuschauern zu veröffentlichen. Wer dies nicht von Ausbildungsbeginn an als Crux und Chance seines Berufes verarbeitet, wird später immer wieder – und leider meist in entscheidenden Momenten – Schwierigkeiten haben.

Nun heißt vor Publikum zu spielen natürlich nicht, dass stets Gäste zum Unterricht eingeladen werden. Vielmehr ergibt sich eine solche »Zuschauer-Atmosphäre« ganz selbstverständlich bei der Ausbildung in der Gruppe. Und dies kann eine private Schule eben meist nicht bieten.

Wer sich schließlich aus diesem oder jenem Grund für eine staatliche Schule entschieden hat, muss wissen, dass es auch bei diesen Schulen merkliche Unterschiede gibt. Das Profil einer Ausbildungsstätte wird grundsätzlich von den dort wirkenden Pädagogen geprägt, und von deren Grad an Übereinstimmung hinsichtlich der Auffassung von Ästhetik in ihrem Beruf. Ein immer aktuelles Problem ist, ob für bestimmte von der Medienöffentlichkeit gerade goutierte modische ästhetische Strömungen ausgebildet werden soll oder ob solide und grundsätzlich für die berufliche Substanz gearbeitet wird. Diese Frage stellt an jeder Schule einen immerwährenden Konfliktpunkt dar, der im besten Falle produktiv ist und sich den Studenten positiv mitteilt, im schlimmsten Falle jedoch konträre Positionen zeigt, welche die Studenten in der Ausbildung stören und verunsichern können.

Insofern ist es ratsam, genau zu prüfen, wo man sich bewirbt, und es sollte dem Bewerber ganz und gar nicht gleichgültig sein, wer ihn ausbildet. Er sollte also versuchen, an einer Schule unterzukommen, deren Profil und Geschichte ihm imponieren.

Natürlich kann es passieren, dass man just an der gewünschten Schule durchfällt, also nicht aufgenommen wird, und nun überlegt, sich andernorts zu bewerben. Eine solche anderweitige Bewerbung aber sollte wirklich der allerletzte Schritt sein! Selbst ein, zwei Ablehnungen an der Wunschschule dürfen einen nicht entmutigen! Im Gegenteil! Mit der Erfahrung der ersten Ablehnung stellt man sich der Kommission erneut. Dann weiß man nämlich besser, worauf es der Kommission da unten an den Tischen ankommt. Alle Mutmaßungen und alles Gelesene hat jetzt Name und Adresse. Und noch ein Vorteil: Die Damen und Herren im Parkett kennen den Bewerber dann bereits, er ist für sie kein unbeschriebenes Blatt mehr. Und sollten sie tatsächlich auch beim dritten Vorsprechen »nein« sagen, haben sie vermutlich Recht.

Doch selbst dann und erst dann kann und soll man es an einer anderen Schule neu versuchen! Denn über eine Sache muss man sich immer im Klaren sein: In diesem Beruf sind vehement vertretene subjektive Meinungen über Talente, die objektiven Kriterien kaum zugänglich sind, an der Tagesordnung. Wer sich nicht von vornherein darauf einstellt, gelegentlich ungerecht beurteilt zu werden, wird den Beruf nicht durchstehen. Auch unter diesem Aspekt ist also die Bewerbung an einer Schauspielschule, an der anerkannte, erfahrene Künstler als Pädagogen wirken, immer von Vorteil; das Urteil über eine Begabung ist dort in der Regel weit objektiver. Es sei denn, eine solche Schule ist gerade in die Hände eines Möchtegern-Gurus geraten, der sein subjektives Urteil über alle anderen Meinungen stellt und abweichende Ansichten nicht zulässt. Das kann für die eine oder andere Begabung, die auf seiner Wellenlänge liegt, das Glück ihres Lebens bedeuten, für andere das glatte Aus.

A.5 Was ich wissen sollte

A.5a Auffassung über Schauspielkunst

Schauspielen? Was ist das eigentlich für eine Tätigkeit? Davon gibt es fast so viele Auffassungen wie Schauspieler und Regisseure. Man darf sich also nicht wundern, wenn man auf die unterschiedlichsten Meinungen trifft.

Schauspieler sind verständlicherweise geneigt, ganz subjektiv die Art von Spiel zu kolportieren, die bei ihnen mit Erfolg funktioniert. Und Regisseure, tendenziell eher um Verallgemeinerung bemüht, werden letztlich ebenfalls ihre subjektive Sicht und demzufolge Arbeitsweise als das Nonplusultra ausgeben.

Gibt es also überhaupt so etwas wie objektive Kriterien? Es gibt sie, so schwer sie zu finden und dingfest zu machen sind.

Fest steht: In jeder beruflichen Tätigkeit müssen die Voraussetzungen stimmen, wenn solide Arbeit geleistet werden soll. Ein Bäcker muss sich mit den Mehlsorten ebenso auskennen wie mit seinem Backofen. Ein Schlosser muss Kenntnisse über das Verhalten von Metallen besitzen. Auto-Ingenieure müssen viele wichtige Details berücksichtigen. Dabei haben es all diese Berufe insofern einfach, als sich der Gegenstand, den die Bäcker, Schlosser oder Ingenieure produzieren, außerhalb ihres Körpers befindet. Und auch die Werkzeuge, mit denen sie arbeiten, sind außerhalb ihres Körpers vorhanden.

Dagegen ist der Schauspieler Arbeiter, Werkzeug, Material und Produkt zugleich! Obendrein muss er sich in das Ensemble einer Aufführung fügen! Und er ist ein Mensch mit persönlichen Erfahrungen, Gedanken und Gefühlen, also mit all dem, was ihn geistig bewegt. Hieraus erklärt sich die Vielfalt der Auffassungen über Schauspielkunst!

Nützlich indessen für eine produktive Ausbildungsmethode ist nicht die Vielfalt der Ansichten, sondern ein möglichst genaues Wissen über das Wesen des Schauspielens. Um das zu erfassen, bleibt uns ein Exkurs in die Entstehungsgeschichte dieser künstlerischen Tätigkeit nicht erspart.

Da ist zunächst verbindlich festzuhalten, dass das Schauspielen aus archaischen Tänzen hervorgegangen ist, aus Tanzspielen in der Urgesellschaft, mit denen Tiere und Menschen nachgeahmt wurden. Den Akt des Nachahmens nannte man »Mimesis« (griech. Nachahmung), das Ergebnis »Mimus« (nachgeahmte Handlung) und den Nachahmenden »Mime«.

Die ästhetische Eigenart der Tätigkeit dieser Mimen bestand darin, dass sie für Handlung wie Texte ihrer kurzen mimischen Vorstellung selbst verantwortlich waren, und dass sie diese, also Handlung und Text, spontan in leibhaft-sinnlicher Unmittelbarkeit improvisierten. Dass sie ihre kleine Vorstellung bei Erfolg wiederholten, dass bei aller spontanen Leidenschaft also letztlich auch Routine eine Rolle gespielt haben mag, sei hier zwar angemerkt, ist aber nicht von Belang.

Entscheidend ist, dass Improvisation und Mimesis als Schöpfungsakt identisch sind, und zwar in Simultanität von spielender Persönlichkeit (Phantasie/Denken) und sinnlich-praktischer künstlerischer Tätigkeit. Das heißt, die in der Beobachtung gewonnenen, im Gedächtnis des Mimen gespeicherten und im Moment der künstlerischen Tätigkeit wieder mobilisierten Bilder werden in der

Improvisation entäußert und materialisieren sich sichtbar in neuer Form.

Ein höchst komplizierter, widersprüchlicher und in seinem Wesen elementar ästhetischer Vorgang: Der Mime improvisiert spontan Text und Handlung – und eben dies ist sein Schauspiel.

Doch dieser ureigene mimetische Schöpfungsakt des Mimen wurde im Zuge der Entstehung der Schauspielkunst negiert. Durch die neu entstandene Möglichkeit nämlich, gesprochenes Wort aufzuschreiben, also Texte festzuhalten, hatte sich die Dichtkunst entwickelt und als Folge das Interesse, die aufgeschriebenen Texte ausdrucksvoll vorzutragen.

Jetzt war also nicht länger der Mime mit seiner Improvisationskunst gefragt, sondern ein möglichst lauter Deklamator. Und der war nicht mehr für den Text zuständig, das erledigte der Dichter. Ein historischer Prozess der so genannten Arbeitsteilung, in deren Folge die spezifische Tätigkeit des Mimen, nämlich in der Improvisation Handlung und Text zu produzieren, nicht mehr gebraucht wurde. Der seit Urzeiten agierende Mime wurde im Prinzip »arbeitslos«, wenngleich Mimen noch Jahrhunderte ihr Gewerbe fortsetzten.

Dichter indessen gab es alsbald recht wortgewaltige, um nur die großen Griechen zu nennen, Aischylos, Sophokles, Euripides, Aristophanes. Deren Texte, Tragödien wie Komödien, mussten präzise gesprochen werden. Immerhin: Die Texte der Figuren lagen jetzt schriftlich fixiert vor, die Figuren auf der Bühne allerdings und deren Handeln mussten dazu noch erfunden werden.

Damit sind wir entwicklungsgeschichtlich an einem für das Schauspielen bedeutsamen »Knotenpunkt« angelangt: War früher der Text als Produkt des Mimen aus der improvisierten Handlung entstanden, so lag er jetzt bereits fixiert vor und zu ihm musste eine passende Handlung gefunden werden. Der eigentliche Schöpfungsakt des Mimen war nicht mehr gefragt! Gebraucht wurde nun der gute Sprecher, der es verstand, dazu passende Gebärden zu machen. Dass ein solches mit üppiger Dekoration ausgestattetes »Schauspiel« von großer ästhetischer Schönheit sein kann, haben Forschungen über das antike Theater immer wieder und durchaus überzeugend belegt.

Der fortan Schauspieler genannte Darsteller des antiken Theaters war nicht sein eigener Texter, er hatte etwas ihm Fremdes zu bewältigen, nämlich den vom Dichter verfassten Text. Die naheliegende und über Jahrhunderte praktizierte Arbeitsweise bestand darin, den Text auswendig zu lernen, ihn dann in der Aufführung aus dem Gedächtnis möglichst schön und verständlich zu deklamieren sowie dazu mehr oder weniger überzeugend Gebärden zu machen.

Die Improvisation, das Urelement des Schauspielens, der eigentliche Schöpfungsakt des Schauspielers, war durch das Aufkommen der Literatur negiert, aus der Dichtkunst so gut wie vollkommen verbannt, andererseits in der Schauspielkunst insgeheim »aufgehoben« worden. Das Wort entstand nicht mehr unmittelbar aus der Improvisation, es wurde außerhalb des Spiels am Schreibtisch geboren. Die Dichtkunst entwickelte sich relativ unabhängig vom Schauspieler. Folgerichtig dominierte bereits im attischen Theater der aus dem Gedächtnis gesprochene Text. Er war auch Impuls für die getragene, große gestische Aktion, für die weit ausladende Gebärde.

Allgemein verstand man unter Theater nun das Aufsagen des fixierten Textes mit ergänzender, den Text illustrierender Gebärde – auf der mittelalterlichen Simultanbühne ebenso wie in der in Italien nach antikem Vorbild entstandenen Commedia erudita. Der historische Fortschritt des antiken Theaters – fixierter Text – war zur Fessel des frühen Theaters der Renaissance geworden. Die sprichwörtliche Text-Gläubigkeit des Mittelalters tat ihr übriges.

Sobald jedoch der aktive, sich als Persönlichkeit konstituierende Mensch der Renaissance auch das Theater für sich beanspruchte, empfand er die sklavische Texttreue als Einengung. Fixierter Text wurde abgelehnt, die Improvisation auf der Bühne wieder belebt. Um die Mitte des 16. Jahrhunderts kam die große Zeit der Commedia dell'arte. Dem Schauspieler wurde nun in Gestalt so genannter Canevas nur eine Art Handlungsgerüst, ein bloßer Umriss einer Geschichte vorgegeben. Entlang dieser Vorgabe konnte er frei Handlung und Text erfinden. Das Wort entstand wieder spontan aus dem Handlungsimpuls, der im Spiel unmittelbar vom Partner empfangen werden konnte. Der Spieler beherrschte zwar mit der Zeit durchaus eine Fülle erprobter Handlungen entsprechend des jeweiligen Canevas, musste letztlich aber immer wieder unmittelbar und neu improvisieren; denn eine Verabredung mit dem Partner gab es nicht.

Je vehementer indessen das aufstrebende Bürgertum sein Ideengut auf den Bühnen zu vertreten wünschte, desto hartnäckiger kam erneut die Forderung nach Texttreue auf, welche die Commedia-Spieler gar nicht liebten. Neu und jetzt schärfer erschienen die Konturen des historisch entstandenen Widerspruches: Die Texte standen fest, doch die sie eigentlich verursachende, sie hervorbringende Handlung nicht.

Solange die Aufführungen der meist wandernden Komödianten kaum oder gar nicht probiert wurden, blieb daher – trotz genauer Textvorgabe – immer wieder Raum für Improvisationen, die dann auch meist Veränderungen der Autorentexte zur Folge hatten.

Auf Texttreue bedachte Theaterkünstler sagten der »wild gewordenen« Improvisation den Kampf an. Das Überwinden aller Zufälligkeiten auf der Bühne erforderte ein genaue Festlegung der Aktion auf Grundlage des Textes. Zu diesem Zweck wurden Theaterproben abgehalten, die indessen zunächst oft nur auf den fixierten Text, also ausschließlich auf Texttreue und damit auf Verbesserung der Diktion ausgerichtete waren.

Auch Shakespeare versuchte damals das Beste aus dieser Entwicklung zu machen, die nicht aufzuhalten war. An der Wende vom 16. zum 17. Jahrhundert forderte er in seiner (Hamlets) Rede an die Schauspieler: »Sprecht mir bitte die Rede, ... leicht von der Zunge weg ... Sägt auch nicht mit Euern Händen durch die Luft ... Passt die Gebärde dem Wort, das Wort der Gebärde an, und achtet besonders darauf, dass Ihr das rechte Maß der Natur nicht überschreitet.«

Zumindest seit Konrad Ekhof 1753 die Schweriner Akademie der Schönemannschen Gesellschaft gegründet hatte, verstärkten sich in Deutschland die Bemühungen, den Widerspruch zwischen aus dem Gedächtnis reproduziertem fixierten Text und improvisiertem Spiel durch Theaterproben zu lösen, in denen man nun auch das Bühnenhandeln zu fixieren trachtete: Das Handeln sollte zum konkreten Impuls für den Text werden und dennoch wie der Text aus dem Gedächtnis kommen. Ein komplizierter ästhetischer Prozess, in dessen Folge die Improvisation, bis dato im Bühnenspiel noch von erheblicher Relevanz, endgültig verdrängt wurde bzw. ein

Schauspieler störend wirkte, sobald er nicht der erarbeiteten Handlungslinie folgte und extemporierend »aus der Rolle« fiel.

Nunmehr zeichnete also der Regisseur für die Festlegung des gestisch-mimischen Handelns auf der Bühne verantwortlich. Eine Aufführung wurde und wird nicht mehr spontan am Abend hergestellt, sondern in einem Probenprozess, und am Abend »nur« noch reproduziert, sowohl was den Text der Figur aus dem Gedächtnis des Schauspielers anbelangt als auch deren Handeln.

Die Improvisation hat seither scheinbar endgültig ausgespielt. Im zeitgenössischen Theater wird der Schauspieler mittlerweile oft nur noch als Figurant eines allgewaltigen Regisseurs gebraucht. Manche Spielleiter drängen ihre Darsteller aus Prinzip zu grotesken Fixierungen. Glücklich die Schauspieler, die noch wissen, worin ihr Schöpfertum eigentlich besteht, und die sich ihre Fähigkeit zur Improvisation zu bewahren wissen. Wohltuend die Theaterproben, auf denen »geschauspielert« werden kann, wo der Regisseur die Angebote seiner Darsteller braucht, und diese über Improvisationen die Linie ihres Handelns finden.

Ziel des Produktionsprozesses einer Inszenierung, also der Theaterproben, ist die fixierte Handlungslinie des Schauspielers. Sie wird festgehalten mit einer für den jeweiligen Schauspieler im Produktionsprozess entstehenden Partitur (siehe dazu Kapitel B.4f »Die Partitur«), in einer Art Filmstreifen der Bilder seines Bühnenhandelns (von der konkreten Geste des Partners über eigene bildhafte Vorstellungen bis zum anwesenden Feuerwehrmann in der Kulisse). Der Weg dahin führt – so der Schöpfungsakt des Schauspielers nicht behindert wird – über die Improvisation. Denn obwohl sie zurückgedrängt wurde, ist sie im dialektischen Sinne doch nur negiert, also bei jedem Schauspieler organisch aufgehoben und wieder belebbar, gesetzt den Fall, er versteht sie zu gebrauchen.

In der Theaterpraxis hingegen kann das anders aussehen; hier bestimmt die jeweils vorherrschende Auffassung über Schauspielkunst, in welcher Weise im Probenraum und auf der Bühne gearbeitet wird. Im für den Schauspieler schlimmsten, weil lähmendsten Fall kommt der Regisseur mit vorgefasster Meinung über Stück und Figuren zur Probe, verlangt von den Schauspielern gelernten Text und sodann Handlungen und Haltungen, die er sich zu Hause am Schreibtisch ausgedacht hat, die er unter Umständen sogar vor-

macht und die der Schauspieler nachmachen muss. Der Regisseur
vergewaltigt damit den Schauspieler, verzichtet auf dessen Schöpfungsakt, fordert sofortige Fixierungen, ohne dass der Schauspieler
seine Sicht einbringen und ausprobieren kann.

Die in vorliegender Schrift empfohlene Methode wendet die Improvisation an als den eigentlichen Schöpfungsakt des Schauspielers. Sie huldigt damit keiner bestimmten Auffassung, sondern
schlicht der elementaren natürlichen Substanz der Arbeitstätigkeit
Schauspielen. Und die Beherrschung des Elementaren ermöglicht
dem Talent eine umfassende Entfaltung seiner künstlerischen Persönlichkeit.

Für das Schauspielen »elementar« ist die historische Dialektik
von Improvisation und Fixation. Ihr ordnen sich alle anderen, der
Arbeitstätigkeit Schauspielen innewohnenden Prozesse zu und unter. Insbesondere jenes immer wieder betonte Wechselspiel von
Fühlen und Denken, aus dem heraus sich in der Geschichte des
Theaters prononcierte Auffassungen entwickelten, vertreten jeweils
von prominenten Theatermachern: Die einen, wozu der große rus-
sische Theatermann Stanislawski neigte, geben beim Schauspielen
dem Einfühlen in die Figur eine dominierende Rolle; die anderen,
wozu der deutsche Theatersouverän Bertolt Brecht aufforderte, setzen auf das Denken als Figur. Beide Richtungen vertreten sich überzeugend, unterscheiden sich aber im Begreifen des Schöpfungsaktes
des Schauspielers und machen demzufolge auch unterschiedliche
Vorschläge, wie man ihn trainieren könnte. Auf beiden Wegen sind
bislang Schauspieler erfolgreich ausgebildet worden. Die Unterschiede wurden zuweilen betont, zuweilen Annäherungen versucht.

Letztlich bleibt es die Entscheidung jedes einzelnen Schauspielers, ob er in seiner Arbeitstätigkeit dem Einfühlen oder dem Denken Priorität einräumt. Oder ob er einen Weg sucht, der beide He-
rangehensweisen zu nutzen versucht. Oder ob er, wie hier geraten
wird, die Gefühle erst einmal »in Ruhe« lässt und seinen schauspielerischen Schöpfungsakt bewusst trainiert als dialektisches Negieren
der Improvisation durch Fixation.

A.5b   Methodische Grundlagen

Der Exkurs in die Geschichte des Schauspielens hat uns auf die Improvisation gestoßen. Sie ist der eigentliche Schöpfungsakt des Schauspielers. Sie muss demzufolge auch das konstitutive Element der Ausbildung sein. Und zwar im dialektischen Zusammenhang mit der Fixation, mit dem Festhalten dessen, was in der Improvisation entworfen wird; denn auch das machte der Rückblick deutlich: Die Improvisation wurde durch den fixierten Text negiert, wurde aufgehoben im nunmehr fixierten Bühnenhandeln.

Die hier empfohlene Methode des sinnlich-praktischen Handelns besteht aus einem System von Übungen, mit denen Schritt für Schritt erlernt werden kann, auf der Bühne zu improvisieren. Mit wachsender Erfahrung wird der Spieler immer souveräner zu improvisieren vermögen, werden sich seine spielerischen Fertigkeiten auf der Bühne entwickeln, vor allem die Fähigkeit, das Wechselspiel zwischen Improvisation und notwendiger Fixation von Handeln und Text zu trainieren und schließlich zu beherrschen.

Voraussetzung für das In-Gang-kommen der Improvisation ist ein vitaler, munterer Spieltrieb. Daher wird – durchaus im Sinne methodischen Vorgehens – zu Beginn grundsätzlich erst einmal einfach drauflosgespielt! Der Spieltrieb soll sich ausprobieren, soll sich bestätigt fühlen, soll Zutrauen zu sich selbst bekommen. Und der unterrichtende Pädagoge muss herausfinden, wo beim einzelnen Schauspielstudenten angesetzt werden, woran dieser insbesondere arbeiten muss. Der eine Eleve überdreht mit Leidenschaft, der andere kommt nicht in Schwung. Die individuellen Probleme sind so zahlreich wie die Studenten, und nur in aufmerksamer und geduldiger Zusammenarbeit mit dem jeweiligen Pädagogen zu meistern. Doch jede individuelle Besonderheit – so sehr sie unter Umständen gehütet werden sollte, weil sie den späteren »Marktwert« des Schauspielers mit bestimmen könnte – muss sich zunächst den allgemeinen Anforderungen des künftigen Berufes stellen.

Diese allgemeinen Anforderungen ergeben sich aus der künftigen Arbeit, aus dem Umstand, dass in spontanem Spiel, eben in der Improvisation, auf der Bühne erst einmal eine kurze Handlung entworfen werden muss. Diese Fähigkeit zum Entwerfen, zum Modellieren mittels Improvisation, muss ausgiebig geübt werden.

Sodann gilt es zu trainieren, den Entwurf festzuhalten. Künstler anderer Gattungen haben es einfacher. Der Maler hat seine erste Skizze noch Jahre später zur Hand. Dem Schauspieler aber bleibt keine andere Wahl, als zu wiederholen, was er soeben gespielt hat. Und in der Ausbildung wird er lernen, wie er beim Wiederholen möglichst getreu das wieder herstellen kann, was ihm beim ersten Mal gelungen war. Und bei der dritten Wiederholung sollte er dann nach Möglichkeit eine Variante treffen, die das Beste der ersten beiden Improvisationen in sich birgt.

Das Entwerfen einer Handlung, das Festhalten des Entwurfes und schließlich das Bereichern und Verfeinern des Entwurfes markieren also die wesentlichen methodischen Schritte. Deren souveräne Beherrschung im Spiel mit dem Partner wird ausgiebig trainiert, denn sie sind die Grundlage aller späteren Arbeitstätigkeit auf der Bühne.

Der pädagogische Weg folgt insofern in gewissem Sinne der historischen Entwicklung des Berufes. Zunächst ist der Student – im Sinne des urzeitlichen Mimen – sowohl für seine spontan improvisierte kleine Handlung als auch für den Text zuständig. Dann muss er lernen, mit dem ihm fremden Text des Dichters zu arbeiten, ohne dass er sich nun von ihm blockieren ließe und mehr aufsagte als lebendig spielte. Der methodische Weg ist folgerichtig, sich dem Text über Improvisationen zu nähern, das heißt über das Handeln, das dem Text zugrunde liegen könnte.

Das wesentliche Arbeitsmittel des Schauspielers ist also die modellierende Improvisation. Beherrscht er sie, wird er sich immer gegenüber Forderungen behaupten können, die seinem eigentlichen Schöpfungsakt entgegenstehen.

Dieser äußerst komplexe Schöpfungsakt ist eine sinnlich-praktische künstlerische Tätigkeit, und zwar Spiel als Mimesis menschlichen Handelns. Das in der Improvisation entstehende mimetische Kunstbild ist ein widersprüchlicher Ablauf in Zeit und Raum als Schauspiel. In eben diesem Schau-Spiel spiegelt der Schauspieler menschliches Handeln. Die Improvisation ist also kein Akt der Selbstoffenbarung des Spielers, kein psychodramatisches Herausstülpen psychischer Zustände. Vielmehr sind alle Beziehungen, die der Schauspieler in der modellierenden Improvisation als Figur auf der Bühne herstellt, Spielrelationen, mit deren Hilfe er Beziehungen von Menschen ästhetisch erfindet und sichtbar macht. Sein Handeln auf der Bühne ist also fiktiv, sein Spiel real. Folglich kann der Schauspieler die Figur auf der Bühne nicht leben, denn er ist nicht mit ihr identisch, er spielt sie. Er bleibt immer der Schauspieler, der einer fiktiven Bühnenfigur zu materieller Existenz verhilft. Dabei kann er nur Schritt für Schritt vorangehen; denn die Produktionskapazität seiner künstlerischen Phantasie ist objektiv begrenzt. Nur das Genie vermag es, ein Kunstwerk mit einem Wurf in vollendeter materieller Gestalt aus der Phantasie in die Wirklichkeit zu bringen. Der »normale« Künstler – und vom Normalfall müssen wir ausgehen – braucht viele Entwürfe. Das gilt auch für den Schauspieler. Seine Entwürfe, eben die modellierenden Improvisationen, umfassen eine Anzahl von Vorgängen und ergeben zusammen eine Textmenge, die mit dem Begriff Begebenheit bezeichnet wird.

Der erfahrene und des Improvisierens kundige Schauspieler erspielt zwar in der Regel während der Proben mehrere Begebenheiten, doch ein derartiges Vorgehen orientiert die Phantasie auf die Quantität der langen Strecke (mehrere Begebenheiten) hin statt auf die Qualität der kurzen (mehrere Vorgänge). Es ist also sinnvoll, die Arbeitsschritte nicht zu groß zu wählen, nicht zu viel auf einmal entwerfen zu wollen.

Der konkrete sinnliche Umgang mit dem Requisit und das Spiel mit dem Partner in Gestalt der Gegenfigur sind dabei methodisch von zentraler Bedeutung. In Gang kommt die Auseinandersetzung mit der Gegenfigur durch den Spielimpuls, der von einem Verb ausgeht. Es wird nach dem »Was?« gefragt. Was tut die Figur, was will die Figur? Die Antwort wird mit einem Verb gegeben, das von der Textanalyse bezogen wird. Es gibt Auskunft über den jeweils im beredten Vorgang auszutragenden Konflikt (Widerspruch) und benennt die aktive Seite, das heißt das konkrete Tun der Figur gegen die Gegenfigur. Schon im nächsten Vorgang allerdings kann die aktive Seite wechseln. Das Verb wird gedanklich eruiert, vom Stücktext bezogen, aber praktisch handelnd, improvisierend, ausprobierend hervorgebracht.

Mit dem Verb als wichtigstem Teil der thematischen Vorgabe geht der Schauspieler in der modellierenden Improvisation einerseits von sich selbst aus – als Spieler – und andererseits zugleich nicht von sich selbst, nämlich von der Gesamtheit der fiktiven Büh-

nenumstände (Wer? Warum? Was? Wozu? Wie? Wann? Wo?). So erkundet er die Abfolge der Bühnensituationen, die er als gegeben
nimmt und in welche die körperlich anwesende Gegenfigur integriert ist. Sein fiktives Handeln schließt ein, die vorgegebenen Bühnensituationen als Figur empfindsam wahrzunehmen, zu bewerten
– insbesondere das Handeln der Gegenfigur – und zu reagieren.

Ist mit Hilfe der modellierenden Improvisationen schließlich
nicht nur der Text im Gedächtnis fixiert, sondern – dank des beim
Improvisieren entstandenen Untertextes – auch das ihn auslösende
Handeln, verfügt der Schauspieler über eine organisch gewachsene
Spiel-»Partitur«, die er schließlich während der Vorstellung sozusa-
gen »abspielt«.

Zugleich ist er offen für den realen Spielvorgang, für das konkrete Spiel der Partner, das trotz fixierter Inszenierung in jeder Aufführung etwas anders abläuft. Da ist ein Kollege indisponiert, da
klemmt eine Tür, da hat eine Kollegin ihren Text vergessen, da fehlt
ein Requisit. Aber die Vorstellung läuft. Und wenn die Inszenierung
lebendig ist, aus den Improvisationen der Schauspieler entstanden,
ist sie flexibel für solch unerwartete Ereignisse. Auf der Linie der
fixierten Handlung improvisieren die Darsteller souverän über die
Tücken hinweg.

A.5c Optimale Ausbildung

Nicht nur unterschiedliche Auffassungen über das Wesen des
Schauspielens haben sich entwickelt (siehe Kapitel A.5a) und demzufolge verschiedenartige Methoden des Schauspielens (siehe Kapitel A.5b). Auch die Verfahren, die jeweils vertretene Methode zu
lehren, sind unterschiedlich.

Wer nach einer optimalen Ausbildung sucht, ist gewiss gut beraten, wenn er eine Schule wählt, in der nicht der Unterricht eines
Professors dominiert. Natürlich kann man vor einer Bewerbung
nicht wissen, welche Damen oder Herren letztlich das Zepter
schwingen. Über Kontakte mit Studenten der Schule lässt sich jedoch das ein oder andere in Erfahrung bringen.

Wenn man hört, dass an der Schule in einem Kurs-System eine
Studentengruppe über die gesamte Studienzeit von jeweils nur

einem Pädagogen betreut wird, die Absolventen also als Schüler dieser bestimmten Lehrkraft in die Praxis entlassen werden, so ist das
nicht bloß von Vorteil. Zwar ist es positiv, wenn es sich bei dieser
Lehrkraft um einen erfahrenen Künstler und anerkannten Pädagogen handelt, und man könnte da sogar in Kauf nehmen, dass er die
Absolventen ganz nach seinem Bilde formt. In der Regel ist es allerdings ein Nachteil, wenn ein Student fast ausschließlich von einem
Pädagogen betreut wird, denn dann besteht die Gefahr einer einseitigen Beurteilung des Schützlings.

Eine weit größere Herausforderung und insofern eine optimale
Variante der Ausbildung ist, wenn sich der Student mit wechselnden Pädagogen auseinandersetzen muss. So entsteht mehr Reibung
und die Chancen sind größer, dass ein kompliziertes Talent nicht
einseitig beurteilt wird, sondern von verschiedenen Lehrkräften eingeschätzt werden kann. Es ist objektiv günstiger, wenn mehrere Pädagogen den Studenten im Unterricht kennen lernen.

Das Wechseln der Pädagogen in der Schauspieler-Ausbildung ist
allerdings nur dann wirklich effektiv für den einzelnen Studierenden, wenn an der Schule ein erfahrenes und homogenes Lehrerkollegium tätig ist. Wenn also nicht Auffassung gegen Auffassung ins
Feld geführt wird, sondern methodisch Übereinstimmung herrscht.
Es ergeben sich ohnehin genügend Probleme dabei, das methodisch
Grundsätzliche auf immer wieder neue Schüler auszurichten. Besonders ärgerlich ist es, wenn Meinungsverschiedenheiten im Pägogenkollegium auf dem Rücken des Studenten ausgetragen werden. Auch in dieser Hinsicht ist es günstig, wenn die Lehrkräfte
wechseln, die einen Studenten ausbilden. So können Konflikte ausgeglichen werden, bevor sie eskalieren.

In der Regel sollten innerhalb des 1. Studienjahres (1. und 2. Semester) Studiengruppen gebildet werden. Diese Gruppen von je
zehn Studenten absolvieren im ersten Semester die Grundausbildung, das Improvisations-Seminar, das von einem Pädagogen und
seinem Assistenten geleitet wird. Danach werden die Gruppen aufgelöst, und ab dem 2. Semester werden für die Szenenstudien jeweils kleine Arbeitsgruppen gebildet, um bestimmte Szenen einstudieren zu können. Das bedeutet, dass der Student in der Regel
alle sechs Wochen mit neuen Partnern aus seinem Studienjahr und
mit anderen Pädagogen arbeitet. Dieses Verfahren ist methodisch

optimal. Es gestattet, für die jeweilige Szene der Weltdramatik ganz gezielt bestimmte Studenten unter einem bestimmten Pädagogen zusammenzuführen und dann nach Auswertung der Arbeitsergebnisse neu zu disponieren. Also unter Umständen beispielsweise den Pädagogen zwar nochmals einzusetzen, aber in der kleinen Arbeitsgruppe einen Studenten zu wechseln und zugleich eine andere Aufgabe zu stellen, wie etwa nicht deutsche Klassik, sondern einen Hauptmann oder einen Gorki.

Dies System kann allerdings nur dann flexibel funktionieren, wenn der Schule genügend externe Lehrkräfte zur Verfügung stehen. Mit den fest angestellten Pädagogen allein ist das System nicht zu bedienen. In dieser Hinsicht sind Schulen in Großstädten mit mehreren Theatern am Ort in einer besseren Position. Es finden sich immer Schauspielerinnen und Schauspieler, die pädagogische Befähigung und auch Lust haben, sich dem Nachwuchs zu widmen.

Selbstverständlich gehören zu einer optimalen Ausbildung nicht nur der Schauspiel-Unterricht, sondern auch Sprecherziehung und Unterricht für die körperliche Fitness, die allerdings mit dem Hauptfach Schauspiel abgestimmt sein müssen, besonders methodisch. Die Auffassung über das Wesen des Schauspielens als künstlerische Tätigkeit sollte zwischen den Fächern nicht divergieren, sondern übereinstimmen. Das ist beim Sprechen besonders wichtig.

Es ist schier unerträglich, wenn Schauspiel-Absolventen zwar offensichtlich gut und schön sprechen, ihre Sprache aber mit ihrem Spiel nicht zusammenkommt, sondern gleichsam als tönendes Etikett darüber schwebt. Anzustreben ist das gestische Sprechen. Dies meint, dass Wort und Satz stets aus der Situation heraus gesprochen werden, in der sich die Figur gerade befindet. Die Figur reagiert geistig, der Impuls überträgt sich in den Körper, in die Geste und in die Mimik, und zugleich in die Sprache. Jede sprachliche Äußerung ist also Teil einer bestimmten, jeweils in ganz besonderer Weise motivierten Tätigkeit. Sprache besitzt eigene Schönheit und soll sie auch auf der Bühne bewahren, doch diese Schönheit sollte nicht im Vordergrund stehen, sondern dem Schauspielen dienen.

Was den Unterricht in dem Fach Bewegung betrifft, dem sich Disziplinen wie Fechten, Tanz, Pantomime und Akrobatik zuordnen, so sei hier unterstrichen, dass der Bewegungsunterricht den Studenten nicht im Sinne einer sportlichen Fitness trainieren sollte,

sondern gezielt für seine körperliche Beweglichkeit auf der Bühne.
Der Körper muss dem Studenten möglichst ohne Einschränkung
als Handwerkszeug zur Verfügung stehen können, muss geschult
sein für spontane Impulse wie für Kräfte zehrenden Einsatz. Ein
Schauspieler muss dramatisch stürzen können, ohne sich zu verlet-
zen, und er muss unter Umständen lange auf einem Bein stehen
können, ohne zu ermüden. Der Student hat mithin im Fach Bewegung keine speziellen Ausdrucksübungen zu absolvieren, sondern
körperliches Handwerk zu erlernen, und zwar ganz und gar zugeschnitten auf seine Persönlichkeit, insbesondere seinen Körper.

Alle Fächer – um noch Musik (einschließlich Gesang), Diktion,
Theatergeschichte, Schauspieltheorie und Ästhetik zu nennen –
müssen sich einordnen, müssen Zulieferer für das Fach Schauspiel
sein. Dass dies gelingt, kann in der Regel nur ein homogenes, über
Jahre in seinen ästhetischen Ansichten und Absichten zusammen-
gewachsenes Lehrerkollegium garantieren.

B. Selbstdarstellung

B.1 Erst einmal drauflosspielen

Der nun zu begehende Weg der Vorübungen und ersten Improvisationen hat zwar durchaus auch schon mit mimetischer Verwandlung zu tun, macht im eigentlichen Sinne aber fit für flexible Selbstdarstellung.

Grundsätzlich muss erlaubt sein, erst einmal draufloszuspielen. Es gilt, bereits in den Vorübungen den Spieltrieb der Studenten in lebendiger Verbindung mit der jeweiligen Persönlichkeit zu hegen und zu pflegen. Wenn in der Arbeitsgruppe eine allgemeine Scheu entsteht, sich auf der Bühne ohne Angst vor Zuschauern zu veröffentlichen, dann muss der Pädagoge das Spiel nicht unbedingt anhalten, um seinen Studenten ins Gewissen zu reden. Obwohl dieses Vorgehen Sinn machen kann, ist es nicht zu empfehlen. Vielmehr sollte die Lehrkraft behutsam und unauffällig jeden Studenten in den Momenten bestätigen und anregen, in denen dieser sich locker und ohne Blockaden der jeweiligen Aufgabe stellt.

Das Mobilisieren des Spieltriebes sollte immer wieder im Zentrum der Aufmerksamkeit stehen; denn nur durch dessen Freisetzung und die sinnliche Lust, sich mitzuteilen, wird es dem einzelnen Studenten möglich werden, die komplizierten Arbeitsschritte sinnenfroh anzugehen. Ganz beiläufig soll ihm bei dieser Gelegenheit bewusst werden, wie vital sein Spieltrieb ist, und ob er ihn vielleicht ein wenig zügeln muss, oder ob sein Spieltrieb Futter braucht, also stimulierende Aufgaben. Der Spieltrieb lässt sich nämlich nicht zwingen. Aber er lässt sich, so er vorhanden ist, pflegen und locken. Und in dieser ersten Phase der Ausbildung soll er der jeweiligen Persönlichkeit helfen, ganz und gar, mit Haut und Haaren, sie selbst zu sein.

B.2 Vorübungen

Am Anfang steht die Aufgabe, mittels des Spieltriebes die Persönlichkeit auf der Bühne zu etablieren, ihr Lust zu machen und Vertrauen zu geben, da oben auf den Brettern, die die Welt bedeuten, zu agieren und sich in aller Öffentlichkeit zu zeigen.

Mit welchen Mitteln lässt sich der Prozess in Gang bringen? Eine Erkenntnis aus unserem Exkurs in die Geschichte ist hilfreich. Hatten wir doch dort erfahren, dass der antike Mimus aus archaischen mimetischen Tänzen hervorgegangen ist. Und es empfiehlt sich, was historisch funktioniert hat, auch in der Ausbildung zu probieren, also sozusagen beim »Urspiel« anzufangen und erst einmal zu tanzen.

Doch Vorsicht! Das Ziel ist selbstverständlich nicht, Körper und Geist der Studenten in urgesellschaftliche Beschränktheit zurückzuversetzen. Nicht orgiastisches Tanzen im Sinne archaisch-mythischer Tänze ist zu absolvieren, vielmehr soll der Versuch unternommen werden, die anregenden Wirkungen eines ursprünglichen, mobilisierenden und lösenden Tanzes zu nutzen. Denn es geht nicht um irgendwelche Gruppen-Rituale, sondern um den subjektiven, spontanen, vom Spieltrieb kommenden und ihn stimulierenden tänzerischen Einfall. Wenn dabei aus der sich einstellenden Spiellaune spontan tänzerisch gemeinsame Rhythmen und Bewegungen entstehen, ist das reizvoll, aber nicht nötig.

Zu Beginn eines jeden Unterrichtes – wie übrigens später auch im Szenenstudium – sollte also erst einmal getanzt werden. Wohlgemerkt: Nicht um in urzeitliche mythische Trance zu verfallen, auch nicht Tango oder Wiener Walzer, sondern im Sinne von lockernder, lösender tänzerischer Bewegung nach Musik. Im Tanz äußert sich die Persönlichkeit unmittelbar und durch den Tanz wird die Neigung des Spieltriebes angeregt, sich frei zu betätigen.

Also werden die Studenten aufgefordert, ihnen liebe, möglichst rhythmisch eingängige Musik mitzubringen. Ein Titel wird abgespielt, und die Studentengruppe bekommt die Aufgabe, diese Musik aufzunehmen und langsam in tänzerische Bewegungen umzusetzen. Zwar agieren alle gleichzeitig, aber jeder Student ist dabei seinen eigenen Impulsen, seiner eigenen Phantasie und Ausdrucksfreude überlassen.

Zu beachten ist, dass tänzerische Hingabe durchaus vonnöten ist, aber nicht als kontemplatives Sich-in-sich-selbst-Zurückziehen, sondern als ausdrucksfrohes Sich-Öffnen. Der Pädagoge wird bei der Gelegenheit natürlich schon erste wichtige Beobachtungen machen, ob beispielsweise jemand zu expressiven Äußerungen neigt oder jemand eher zu empfindsamer Einkehr – abhängig jeweils vom Charakter der Musik.

Nach etwa zehn bis fünfzehn Minuten »aufwärmendem« Tanz gehen die Studenten gelockert und angeregt in die ersten Vorübungen.

Mit den Vorübungen nun sollen bestimmte Fähigkeiten profiliert werden, die der Student als Bestandteil seiner Begabung mitbringen muss, die in ihrer unausgebildeten Beschaffenheit für seinen Beruf aber nicht genügen. Es sind dies die Fähigkeiten, Menschen genau zu beobachten, sich auf unterschiedliche Prozesse gleichzeitig zu konzentrieren, reich und stets realitätsbezogen zu phantasieren, sich bestimmte Gegenstände konkret vorzustellen und sie als real vorhanden zu empfinden sowie immer offen zu sein für den konkreten, eigenständig handelnden Partner.

Diese verschiedenartigen, im schauspielerischen Schaffensprozess schließlich organisch vereinten Fähigkeiten müssen zu Fertigkeiten ausgebildet werden, allerdings ohne dass diese lediglich rein technisch automatisiert sind. Der Pädagoge muss vielmehr darauf achten, dass das geistige Interesse der Übenden sich nicht ausschließlich auf das technische Erfüllen der Aufgaben konzentriert und dadurch weder sinnliche Anteilnahme noch Spielfreude entstehen.

Alles Bemühen insbesondere bei den Partnerübungen muss auf das genussvolle sinnliche Empfinden der entstehenden menschlichen Beziehungen gerichtet sein, auf den durch die Partner-Realität hervorgerufenen geistigen Impuls und dessen körperlichen Ausdruck. Schon in diesen Vorübungen also wird der potentielle Reichtum des Beziehungsgeflechtes zwischen Menschen erlebbar und schaubar.

Für die Reihenfolge der zu absolvierenden Vorübungen gibt es kein Schema. Aber zu empfehlen ist, mit Beobachtungsübungen zu beginnen und von diesen Übungen alsbald zu den Assoziations- und Phantasieübungen überzugehen. Im Einzelfall entscheidet der

Pädagoge nach Lage der Dinge. Wenn beispielsweise bei den Asso-
ziationsübungen alle Studenten von Anfang an geistig wach bei
der Sache sind, muss man sich damit nicht unnötig aufhalten. Indessen macht es durchaus Sinn, bei den Übungen mit vorgestelltem
Gegenstand länger zu verweilen, um grundsätzlich jedem Studenten
das Erlebnis zu verschaffen, wie der von der Phantasie hergestellte
Gegenstand im Moment seiner geistigen Produktion das gestische
Verhalten ändert und bestimmt.

Erste Krisen werden nicht ausbleiben. Ein Student, der noch
viele Probleme mit sich selbst hat, sollte nicht zu früh mit dem Partner konfrontiert werden. Andererseits kann just eine Verwicklung
in eine Beziehung zu einem Partner helfen, den betreffenden Studenten aus seiner Ich-Bezogenheit herauszulocken.

Es ist empfehlenswert, zwei Übungsarten, die ins methodische
Zentrum führen, von vornherein besondere Bedeutung beizumes-
sen. Gemeint sind alle Vorübungen, welche die Fähigkeit befördern,
bildhaft reich zu assoziieren, sowie außerdem alle Vorübungen mit
Partner. Speziell diese Übungen bereiten das Schauspielen mit Partner vor, das gemeinsame Erfinden gestischer zwischenmenschlicher
Beziehungen sowie das Produzieren bildhaft-situativer Untertexte.
Sie sollten daher immer wieder im Übungsprogramm enthalten
sein, um bestimmte Spielerfahrungen zu festigen.

Allerdings muss der Pädagoge beachten, dass Langeweile aufkommt, wenn einzelne Vorübungen zu oft wiederholt werden. Das
ist darauf zurückzuführen, dass die Vorübungen durch Wiederholungen nicht bereichert werden können. Sie sind zwar Spiele, aber
noch keine Schau-Spiele als Abbild handelnder Menschen, wes-
wegen der spezifisch schauspielerische kreative Anteil sehr gering
und der Reiz der Vorübungen für angehende Schauspieler relativ
schnell erschöpft ist.

B.2a   Beobachtungsübungen

Der Schauspieler lebt vom Fundus seiner Beobachtungen lebendiger Menschen. Dieser Fundus ist reicher und vor allem sind die Beobachtungen präziser als bei Leuten, die das für ihren Beruf nicht
brauchen. Ein Schauspieler muss stets genauer als andere hin-

schauen auf das, was sich in seiner Umwelt tut. Und er muss nach Möglichkeit in seinem Gedächtnis gut speichern können, was er gesehen hat. Dieses Vermögen zu trainieren, dazu dienen die Beobachtungsübungen.

Der Blick aus dem Fenster

Zunächst einmal interessiert der Mensch in seiner Umgebung, insbesondere der Zusammenhang zwischen dem Verhalten des Menschen und der jeweiligen Situation, in der er sich befindet. Drastisches Beispiel: Sonnenschein auf dem Gehweg oder Glatteis. Wie verhält sich ein alter Mann mit Spazierstock bei Sonnenschein? Und wie bei Glatteis? Schon diese einfache Gegenüberstellung kann, obwohl sie nicht unmittelbar beobachtet wurde, auf der Bühne einmal demonstriert werden. Das heißt, jeder Student – und jede Studentin – wird aufgefordert, als alter Mann – oder als alte Frau – mit Spazierstock bei Sonnenschein oder bei Glatteis auf dem Fußweg zu gehen. Der Spazierstock sollte real zur Verfügung stehen. Spieltrieb und Phantasie werden mit dieser Übung mobilisiert.

Aufgabe: Ein Student öffnet das Fenster, schaut hinaus auf die Straße, beobachtet, was draußen vor sich geht, schließt das Fenster und berichtet der Studiengruppe.

Variante: Der Student berichtet nicht, sondern versucht nachahmend vorzuführen, welches Verhalten er bei den Menschen beobachtet hat.

In dieser Vorübung interessiert der Mensch in seiner Umgebung und das daraus resultierende Verhalten. Speziell darauf ist bei der Beobachtung und bei der Beschreibung zu achten. Die Beobachtungen können dabei in der Schilderung durchaus mit Kommentaren versehen werden, etwa Überlegungen, warum ein Mensch schnell die Straße überquerte oder warum es zu dieser oder jener Geste kam.

Doch nicht Kommentare und Vermutungen sind wesentlich für die Speicherung im Fundus, sondern Details der Beobachtung, insbesondere Momente, an denen sich das Verhalten eines Menschen ändert; dies sind »Drehpunkte«. Wenn sich im Inneren etwas ereignet, ein gedanklicher, ein psychischer Prozess, und der Schauspieler dies nicht in einer äußerlichen Veränderung transparent, also sichtbar machen kann, dann bleibt es verborgen. Studenten müssen also beobachten lernen, wie sich diese komplexen Prozesse im Optischen niederschlagen. Die Phantasie muss das konkret Beobachtete ergänzen und gegebenenfalls erweitern, ohne sich vom Beobachteten zu lösen.

Aus diesem Grund wird die Verinnerlichung folgender Methode empfohlen: Beobachten – Beschreiben – Schlussfolgern – Darstellen. Wobei die Schritte nicht bei jedem Studenten unternommen werden müssen. In dieser Ausbildungsphase genügt zunächst einmal das Trainieren des Beobachtens und das Schildern des Beobachteten aus der Erinnerung. Das Beschreiben verlangt die Verbalisierung der Beobachtung, einen größeren Grad der Bewusstheit, verhindert Oberflächlichkeit und Voreiligkeit im Schlussfolgern und erzwingt somit größere Genauigkeit im Beobachten. Ungenau abgespeicherte Bilder lassen sich verbal nur schwer beschreiben, es sei denn, der Beschreibende hilft sich mit Phantasie. Aber in diesem Falle löst er sich vom Beobachteten, vom konkreten Geschehen.

Aufgabe: Die Studiengruppe begibt sich auf einen belebten Platz und beobachtet kurze Zeit die Passanten. Danach wird versucht, beobachtete Menschen im Übungsraum auf der Bühne nachzuahmen. Reizvoll daran ist, ob die Studenten in den Angeboten ihrer Kommilitonen wieder erkennen, was sie selbst gesehen haben, und ob sie etwas ergänzen möchten.

Diese Übung mobilisiert den Spieltrieb. Das Reizvolle an den in der Nachahmung entstehenden Abbildungen ist, wie über Details möglichst gute Erinnerungsbilder sichtbar werden; noch ungenügendes schauspielerisches Vermögen wird in dieser Ausbildungsphase nicht kritisiert.

Ein Bild einprägen

Eine genaue Beobachtungsgabe ist elementar für den künftigen Schauspieler. Die Vorübung »Ein Bild einprägen« hilft dem Studenten, eine eigene Methode zu entwickeln, auf welche Weise er Beobachtetes am besten im Gedächtnis speichern kann.

Aufgabe: Bis auf drei Studenten begibt sich die Studiengruppe auf die Bühne und nimmt dort auf Stühlen sitzend bestimmte Haltungen ein. Zum entstandenen Bild gehören auch vorhandene Utensilien, Papierkorb, Taschen, Bücher usw. Die drei Studenten schauen sich das entstandene Bild geraume Zeit genau an. Wenn sie glauben, alles gesehen und sich eingeprägt zu haben, verlassen sie den Raum. Nun werden in dem Bild drei markante Veränderungen vorgenommen, entweder in der Haltung der Personen oder an den Gegenständen. Danach werden die Studenten einzeln wieder hereingerufen und sollen nun die Veränderungen herausfinden.

Begonnen werden sollte mit großen Veränderungen (z. B. Papierkorb an einen anderen Platz stellen), mit kleinen (z. B. Stift auf einem Tisch in eine andere Richtung drehen) kann die Übung beendet werden.

Es ist sinnvoll, nachdem erste Erfahrungen gesammelt wurden, die Gruppe zu befragen, wie die einzelnen Studenten methodisch vorgehen. Man kann sich über die Methoden austauschen und damit bewusst machen, dass es unterschiedliche Möglichkeiten gibt. Beispielsweise kann man beim Einprägen von einem bestimmten Punkt ausgehen, etwa von der Stellung der Beine oder der Haltung der Hände. Die einen prägen sich nur das Bild ein, andere versuchen, es durch Verbalisierung zu festigen. Welche Methode auch immer der Student schließlich für sich am praktikabelsten ansieht, stets muss es ihm darum gehen, das Gesehene möglichst exakt zu speichern.

Eine Haltung kopieren

Eine weitere Übung zum Training der Beobachtungs-Fähigkeit ist das Kopieren von Haltungen. Dabei sind nicht irgendwelche abwegigen Stellungen auf den Zentimeter genau zu kopieren, sondern nachzuahmen ist eine Haltung als Ausdruck einer inneren Einstellung. Hier wird im Keime der Zusammenhang zwischen innerer geistiger Einstellung und äußerer Haltung bewusst gemacht und zugleich trainiert, diesen Zusammenhang zu beobachten.

Aufgabe: Drei bis fünf Studenten verlassen den Raum. Einer der im Zimmer Verbliebenen setzt sich auf der Bühne in einer bestimmten

Haltung auf einen Stuhl. Die Haltung sollte einer inneren Einstellung entsprechen, Nachdenklichkeit, Unruhe, Verstörtheit, Zerstreutheit, Erschöpfung usw. Es sind keine abstrusen Stellungen gefragt, sondern realistische Abbilder von Menschen.

Nun wird der erste Student wieder hereingebeten. Er bekommt einige Sekunden Zeit, den auf dem Stuhl Sitzenden anzuschauen. Auf ein Zeichen (Händeklatschen des Pädagogen) erhebt sich der Sitzende. Dorthin setzt sich nun der Beobachter und muss die soeben gesehene Haltung kopieren, also aus der Erinnerung wieder aufbauen. Sobald er glaubt, fertig zu sein, wird der nächste hereingerufen, der nun seinen Vorgänger zu kopieren hat. Die Prozedur wird wiederholt, bis alle Studenten wieder im Zimmer sind. Dann setzt sich das »Urbild« neben die letzte Kopie. Gemeinsam werden Abweichungen registriert.

Beim Kopieren – das sollte man im Kopf behalten – geht es um das möglichst genaue Abbild. Es findet keine Wertung statt, wie sie später bei der Nachahmung gebraucht wird. Bei dieser Übung ist der Student nur eine Art unbeteiligter Spiegel, während er später als Nachahmender seine Bewertungen einbringt; denn sein mimetisches Bild eines Menschen ist stets aus vielen Beobachtungen zusammengesetzt.

B.2b Assoziationsübungen

Mit diesen Übungen wird eine für Schauspieler entscheidende Fähigkeit trainiert, nämlich mit Hilfe der Vorstellungskraft einen nicht vorhandenen Gegenstand in der Phantasie bildhaft zu entwerfen und schließlich sogar als real existent zu behandeln. Der angehende Schauspieler erlebt den elementaren Zusammenhang zwischen dem Bild der Phantasie und der Geste, die es auslösen kann. Und er wird spüren, dass ungenaue Vorstellungen zu fahrigen Bewegungen führen, aber genaue Bilder der Phantasie sehr präzise und vor allem nachvollziehbare Handlungen auslösen können.

Die Bilderkette

Diese Vorübung trainiert die Phantasie und die Konzentrationsfähigkeit, in erster Linie aber das spontane Erzeugen einer Assoziationskette von Bildern in der Gruppe. Es wird die Fertigkeit trainiert, in Bildern eine Geschichte entstehen zu lassen und über die Geschichte die Bilder einzuprägen, die von der Gruppe zusammengetragen werden. Das Üben des Entwickelns einer Bildergeschichte ist grundlegend, da der Schauspieler später mit dem Mittel der Assoziationskette (Bilderfolge) nicht nur den Text seiner Rolle besser behalten, sondern damit auch den Untertext und schließlich die gesamte Partitur seiner Figur aufbauen wird. Dafür ist es wichtig, während des Spiels mit Hilfe der Geschichte die konkreten Bilder immer wieder neu in der Vorstellung entstehen zu lassen und aus der fiktiven Wahrnehmung dieser Bilder heraus die jeweiligen Worte mit sinnlichem Genuss auszusprechen.

Aufgabe: Die Studiengruppe setzt sich im Halbkreis auf die Bühne. Der an einem Ende des Halbkreises Sitzende beginnt mit einem Bild. Das heißt, er sagt ein Wort. Dies Wort (Bild) muss der neben ihm Sitzende wiederholen und ein Bild dazu assoziieren und aussprechen. Der dritte nimmt dann die beiden Worte auf und fügt sein Assoziationsbild (Wort) hinzu. So geht die Reihe weiter von Student zu Student, wobei stets die gesamte Bild-Wort-Kette wiederholt werden muss. Der Student, bei dem die Kette reißt, weil er, wenn er an der Reihe ist, ein Wort verwechselt oder vergessen hat, muss ausscheiden. Wer am Schluss übrig bleibt, soll die Geschichte erzählen, die er mit der Bilderkette gefunden und im Gedächtnis gespeichert hat.

Es zeigt sich alsbald, dass Bilderketten von unterschiedlicher Qualität entstehen. Eine solche Kette kann lauten:»Garten – Bank – Blumen – Liebespaar – Mann – Zaun – Nägel – Tor – Wald – Bäume – Vögel – Stille – Wolken – Nacht – Kälte – Sterne – Tau – Morgen …« Der assoziative Reichtum einer Kette entsteht weniger aus logischen Fügungen (etwa: »Garten – Bank« oder »Bäume – Vögel« oder »Wald – Bäume«), mehr aus widersprüchlichen Verbindungen oder losen Zusammenhängen (etwa: »Blumen – Liebespaar« oder »Vögel – Stille«). Die Kette vorauszudenken, wie vermutlich bei »Garten – Bank – Blumen« oder »Wolken – Nacht – Kälte – Sterne«, ist ungünstig, weil das Bild nicht spontan aus dem zuge-

worfenen Wort entsteht, sondern gedanklich bereits entfaltet ist,
bevor man an die Reihe kommt, oft im Bemühen, nicht einfallslos
in seinen Reaktionen zu sein.

Als Beispiel eine andere Kette: »Fluss – Kiesel – Fisch – Angler –
Hut – Würmer – Büchse – Schwimmer – Abend – Regen – Licht –
Fenster – Brücke – Radfahrer – Glätte – Geländer – Anbiss – Forelle
– Topf – Gemüse …« Diese Kette ist zunächst einmal wirklich im-
posant und korrekt gespeichert eine gute Gedächtnisleistung. Im
Übrigen hat sie eine größere Folgerichtigkeit im Sinne einer Geschichte. Eine Studentin bot folgende Story: »Fluss mit Uferbö-
schung. Da war noch Tag und Sonne. Ein alter Mann, er angelte
mit zerbeultem Hut, neben sich Regenwürmer und Büchse. Dann
kam eine andere Tageszeit, es wurde dunkler, kalt, Regen dazu und
ungemütlich. Da hat er sich auf den Nachhauseweg gemacht, kam
an der Brücke vorbei, und dort ist ein Radfahrer gefahren. Er hat
sich ans Geländer gestellt, da war noch ein Angler. Der hat dann einen Fisch herausgezogen, er hat eine Forelle gefangen, dann hat er
die Forelle im Topf gesehen und dann Gemüse.«

Obwohl die Bilder der einzelnen Studenten subjektiv bleiben
(jeder assoziiert zum Beispiel bei dem Wort »Angler« sein eigenes,
ganz konkretes Bild von einem Angler), ist es günstig, wenn die
durch die Studiengruppe entwickelte Bilderkette in gewissem Sinne
eine gemeinsame Geschichte ergibt: Ensemblespiel im Keim.

Umgang mit einem vorgestellten Gegenstand

Diese elementare Übung ist kein Selbstzweck! Es geht nicht darum,
wochenlang mit vorgestelltem Papier zu probieren, wie man es zer-
reißt, oder mit vorgestelltem Ofen zu probieren, wie man ihn am
besten heizt. Auch nicht darum, sich vorzustellen, wie man Steck-
nadeln aufliest, und sich dabei so zu konzentrieren, dass man sich
selbst von einem Erdbeben oder einer Feuersbrunst nicht ablenken
lässt. Das erzeugt einen engen Aufmerksamkeitskreis und orientiert
auf gedanklich-gestische Abläufe, die für schauspielerische Vorgänge nicht gebraucht werden.

Der Umgang mit einem vorgestellten Gegenstand wird auch
nicht geübt im Sinne des Spiels mit einem Gegenstand; dies trai-

niert man später mit einem realen Requisit. Vielmehr geht es hier
um das Training der Vorstellungskraft und das Erlebnis des elementaren Zusammenhanges zwischen dem konkreten Phantasiebild
und der dadurch ausgelösten Geste oder Handlung. Ein Prozess,
über den später möglicherweise hinweggeschludert wird, weil inzwischen andere Dinge im Vordergrund stehen, der aber von elementarer Bedeutung ist: Sich nämlich schon am Anfang der Schau-
spielausbildung bewusst zu machen, wie das Phantasiebild Gesten
auslösen und modifizieren kann. Und wie es zu verworrenen Gesten
kommt, wenn das Phantasiebild verschwommen bleibt.

*Aufgabe: Der Student geht auf der Bühne mit einem vorgestellten
Gegenstand um. Das heißt, er stellt sich den Gegenstand vor und lässt
sich durch die Imagination zu einer Tätigkeit im Umgang mit diesem
Gegenstand anregen.*

*Varianten: a) Der Student produziert seinen eigenen Einfall, mit
dem er aus dem Kreis der Gruppe auf die Bühne getreten ist.*

*b) Der Student befindet sich bereits auf der Bühne. Der Pädagoge
wirft ihm einen Gegenstand in Gestalt eines Wortes (Bildes) zu, worauf
der Student spontan das Bild in seiner Phantasie produzieren und
sichtbar damit umgehen muss.*

Grundsätzlich sollte bei diesen Übungen zunächst einmal ein
langsamer Rhythmus gewählt werden, um Schluderei der Phantasie
gar nicht erst aufkommen zu lassen. Erst wenn das Bild des Gegenstandes von der Vorstellungskraft klar produziert wird, sollte der
Student im Umgang mit diesem fiktiven Gegenstand tätig werden.

Bei dieser Übung ist für den Studierenden nicht nur das Erlebnis
der geistigen und gestischen Zusammenhänge auf der Bühne wichtig, also zu erfahren, welche Tätigkeit sein Bild auslöst und welche
Schwierigkeiten es macht, in der Logik des Bildes zu bleiben und
die Tätigkeit fortzusetzen. Wichtig sind auch die Erlebnisse mit
seinen Zuschauern. Denn seine Studiengruppe wird ihm – bei der
Variante a – nach seinem kurzen Spiel mitteilen, was zu sehen war.
Günstig, wenn die Kommilitonen exakt beobachten konnten, was
gewollt war, etwa wie jemand eine Kaffeemaschine bedient, einen
Teller abwäscht oder eine Zigarette anzündet.

Doch es gibt auch Überraschungen, dann nämlich, wenn der
spontane Umgang von der Phantasie nicht bewältigt werden kann,
wenn sich beispielsweise plötzlich herausstellt, dass man gar nicht

so genau weiß, wie die Abläufe sind beim Benützen eines Feuer-
zeugs für das Anzünden der Zigarette. Die Zuschauer – so sie sich
äußern – haben dann alles Mögliche gesehen, haben ihrerseits ihre
Phantasie mobilisiert, sind aber im Ungefähren gelandet, weil das
auf der Bühne Gezeigte unzureichend war.

Zweck dieser Vorübung – das sei hier wiederholt – ist, dass der
Student den Zusammenhang zwischen konkreter Vorstellung (Bild)
und konkretem gestischen Handeln kennen lernt. Die Geste ist die
unmittelbare und sichtbare Wirklichkeit des Bildes, hier die des
ideellen Bildes der Vorstellungskraft oder der Phantasie. Die Vorübung ist am effektivsten, wenn mit nur einem Gegenstand umgegangen wird (zugleich Training der Fähigkeit zur Konzentration,
wenn sich in dieser Phase die Aufmerksamkeit noch nicht auf zu
viele Gegenstände aufteilen muss). Auch soll nicht nur die dem
Gegenstand angemessene realistische Abfolge des Handelns trainiert werden, sondern zugleich das sinnliche Empfinden des Um-
gangs mit dem fiktiven Gegenstand Vergnügen bereiten.

In einer späteren Ausbildungsphase stimuliert der materielle,
konkrete Gegenstand (Requisit), also das real gegebene Bild, die Dialektik von Vorstellungskraft/Phantasie und gestischem Handeln.
Dann ist es wichtig, keine Flüchtigkeit zuzulassen, da darunter sofort die beredte Genauigkeit des gestischen Spiels leidet.

B.2c   Konzentrationsübungen

Wenn der »Lappen« am Abend hochgeht, muss sich der Schauspieler auf Anhieb konzentrieren können, was immer er im Laufe des
Tages erlebt haben mag. Die nun folgenden Übungen helfen jedem
einzelnen Studenten, sich bewusst zu machen, wie es um seine Fähigkeit bestellt ist, die Umwelt zu vergessen und sich ganz und gar
auf den ablaufenden Vorgang zu konzentrieren.

Hören

Es gelingt meist nur mit ausreichendem Training, unterschiedliche
Töne und Geräusche gleichzeitig aufzunehmen. Mit dieser Übung

soll der Sinn dafür geschärft werden, ohne das Problem überzubetonen.

Aufgabe: Ein Fenster wird geöffnet. Auf ein Zeichen des Pädagogen schließen die Studenten die Augen und konzentrieren sich darauf, alle drinnen wie draußen auftretenden Geräusche zu hören und zu registrieren. Anschließend werden die Geräusche beschrieben.

Klopfzeichen

Konzentration schließt nicht nur genaues Hören ein, sondern auch spontanes angemessenes Reagieren. Diesen elementaren Zusammenhang zu trainieren ist möglich mit der folgenden Übung.

Aufgabe: Der Pädagoge vereinbart bestimmte Klopfzeichen mit der Studiengruppe. Jedes einzelne Zeichen fordert eine andere Aktivität. Zum Beispiel: zweimaliges kurzes Klopfen auf Holz = hüpfen; einmaliges Klopfen auf Blech = sich drehen. Ein Teil der Studiengruppe geht auf die Bühne und läuft dort im Kreis. Sobald die Zeichen ertönen, ist spontan zu reagieren.

Schreibmaschine

Dem Training von Konzentrationsfähigkeit und dem Empfinden von Rhythmus und Partnerbeziehung dient folgende Übung.

Aufgabe: Die Studiengruppe nimmt im Halbkreis auf der Bühne Platz. Dann werden der Reihe nach die Buchstaben des Alphabetes verteilt, so dass auf jeden Studenten mehrere Buchstaben kommen. Nun gibt der Pädagoge einen kurzen Satz vor, etwa »Im Sommer scheint die Sonne« oder »Im Winter fällt viel Schnee«. Ziel ist, den Satz rhythmisch entstehen zu lassen, indem jeweils derjenige, dessen Buchstabe an der Reihe ist, diesen ausspricht und dann in die Hände klatscht. Ist ein Wort zu Ende, klatscht die gesamte Gruppe in die Hände.

Wenn sich nicht jeder Student stark konzentriert, bricht das Spiel immer wieder zusammen. Meist führt der aus dem Gedächtnis rekapitulierte Satz zu einer Konzentration nach innen, zu einer gewissen Verkrampfung, da die Studenten keinen Fehler machen möchten und jeder erst einmal auf sich selbst Acht gibt.

Wiederholungen sind also zu empfehlen. Dabei ist anzustreben, dass der Rhythmus von Mal zu Mal besser eingehalten wird und die verbale Äußerung des jeweiligen Buchstabens selbstbewusst und locker erfolgt. Momente späteren Ensemblespiels klingen an.

Der elektrische Schlag

Immer wieder wesentlich im späteren Schauspielerberuf ist der Augenblick, wenn ein Schauspieler so tun muss, als wisse er nicht, was seiner Figur im nächsten Moment widerfährt. Er muss als Figur naiv erscheinen, obwohl er als Schauspieler informiert ist. Auch hierfür ist Konzentration nötig.

Aufgabe: Es wird angenommen, der Raum, in dem sich der Student auf der Bühne befindet, stehe unter Strom, so dass jede Berührung eines Gegenstandes (Tisch, Stuhl usw.) einen elektrischen Schlag auslöst.

Diese Vorübung trainiert außerdem die Vorstellungskraft und die Impulsfähigkeit. Sie kann, wenn der Übende nicht einfach nur so zugreift und »Schlag« demonstriert, auch zu einer kleinen Geschichte führen: Ein Mensch muss überrascht feststellen, dass er in diesem Raum praktisch nichts berühren kann, ohne einen elektrischen Schlag zu bekommen. Ratlos und äußerst verunsichert verlässt er den ungeheuerlichen Raum.

Der Wald

Der Sensibilisierung auf der Bühne dient eine Übung, mit welcher der Gehörsinn (sowie der des Geruchs) mobilisiert wird und darüber hinaus das Empfinden im Raum.

Aufgabe: Die Studiengruppe begibt sich auf die Bühne. Ein Student bekommt die Augen verbunden und wird mehrfach um die eigene Achse gedreht. Nun soll er sich durch den »Wald« bewegen, den seine Kommilitonen bilden, indem sie rasch durcheinander laufen und dann an einer Stelle stehen bleiben.

Natürlich geht das nicht ohne leichte Berührungen. Aber es gibt erstaunliche Vorgänge; zuweilen nämlich findet ein Student durch den Wald, ohne anzustoßen.

Ertappen

Konzentrationsfähigkeit schließt ein, sich auch entspannen zu können; denn permanente Konzentration ist unmöglich. Nachfolgende Übung ermöglicht das Kennenlernen eines raschen Wechsels zwischen Konzentration und Entspannung.

Aufgabe: Ein Student steht mit dem Gesicht zur Wand auf der linken Bühnenseite, die übrige Gruppe ihm gegenüber an der Wand der anderen Bühnenseite. Die Gruppe bewegt sich langsam auf ihn zu. Er kann sich nach Belieben umdrehen und alle, die er in Bewegung sieht, an die Wand zurückschicken. Wer ihn erreicht, tritt an seine Stelle.

B.2d Phantasieübungen

Die Phantasieübungen sind von unterschiedlicher Art, noch immer im Wesentlichen Spiel, teils aber schon im Übergang hin zum Schauspiel. Das heißt, sie sind komplexer im Zusammenwirken von Phantasie, Vorstellungskraft, Beobachtung und Konzentration. Sie mobilisieren die lebendige Beziehung zwischen Phantasie und Spieltrieb. Je genauer die Bilder der Vorstellungskraft, desto reicher der körperliche und gestische Ausdruck.

Gegenstand verwandeln

Aufgabe: Ein kleiner Gegenstand (Bleistift, Streichholzschachtel) wird durch die im Halbkreis sitzende Gruppe weitergereicht, und der jeweils Weitergebende verwandelt ihn im Moment der Übergabe mit einem Wort in einen anderen. Wer den Gegenstand bekommt, muss ihn spontan entsprechend der Benennung behandeln.

Die Übung zwingt, eine sinnlich konkrete gestische Beziehung zu dem vorgestellten Gegenstand aufzubauen, obwohl man einen anderen in der Hand hält. Das heißt, der Student muss sich spontan dem Gegenstand angemessen verhalten. Phantasie und Vorstellungskraft werden darauf trainiert, dass der fiktive Gegenstand das Verhalten determiniert. Eine Rose kann nicht wie ein Spazierstock, ein Taschentuch nicht wie eine Zigarette behandelt werden.

Zugleich wird die subjektive Wertung des Gegenstandes in das Verhalten eingebracht; denn in der Art, wie der Student sinnlich-praktisch mit dem Gegenstand umgeht, drückt sich sein geistiges Verhältnis zum Gegenstand aus. Dabei handelt es sich grundsätzlich nicht um eine äußerliche Demonstration, sondern immer um den mimischen und gestischen Zusammenhang zwischen innerer Einstellung und äußerem Verhalten. Die innere Einstellung, gedanklich dingfest gemacht, sollte also nicht »ich will meine Abneigung gegenüber einem schmutzigen Taschentuch demonstrieren« lauten, sondern etwa »eh, was für ein schmutziges Tuch!« Die geistige Beziehung wird durch die spontane Begegnung mit dem Gegenstand ausgelöst, sichtbar gemacht werden kann sie aber nur durch die genaue sinnlich-gestische Beziehung.

Hamlets Rede

Dies ist eine bereits sehr komplexe Übung, hier eingereiht unter Phantasieübung, aber zahlreiche weitere Komponenten erfordernd und bedienend.

Aufgabe: Hamlets Rede an die Schauspieler auswendig lernen und der Gruppe in einer bestimmten Einstellung und entsprechender Haltung vorspielen. Dabei ist zu versuchen, Einstellung und Haltung während des Spiels zu behaupten.

Variante: Der Pädagoge gibt vor, mit welcher inneren Einstellung der Student Hamlets Rede vortragen soll, und der Student muss spontan eine entsprechende Haltung dazu finden.

Beispielsweise: Als Flirt; als Staatsintrige; wie eine liebe Großmutter zu ihren Enkeln; angetrunken, aber besessen davon, die Gedanken unbedingt an den Mann zu bringen; als werde mit einer Gruppe Gleichgesinnter eine Verschwörung verabredet; gehemmt und schüchtern; arrogant, die Schauspieler verachtend; geistig klar, aber umständlich.

Mit Hilfe der Phantasie wird anhand eines Textes der Zusammenhang zwischen innerer Einstellung und äußerer Haltung trainiert. Die Studiengruppe schätzt danach das Ergebnis ein. Mit dieser Übung wird den Studenten schon in dieser Ausbildungsphase deutlich gemacht, dass sie künftig mit fremdem Text arbeiten müssen und dass dieser fremde Text angeeignet, das heißt zum eigenen Text gemacht werden muss.

Ein Erlebnis spielen

Phantasie und Spieltrieb können in ihrer agilen Wechselwirkung gar nicht genug trainiert werden. Die folgende Übung greift zwar vor, beinhaltet schon Elemente des Schauspielens, sollte aber vom Pädagogen – ohne die entstehende Spiellust und -freude der Studenten zu bremsen – im Hinblick auf das Mobilisieren der Phantasie gepflegt werden.

Aufgabe: Das Seminar wird in Gruppen zu je drei Studenten aufgeteilt. Jeder Student erzählt seinen zwei Partnern ein markantes Erlebnis, das ihn bewegt, geärgert oder belustigt hat. Jede Gruppe wählt für sich ein Erlebnis aus und spielt es nach kurzer Absprache nachahmend vor.

Es kommt dabei nicht auf eine naturalistische oder gar dokumentierende Rekonstruktion an, sondern auf die Zündungen der Phantasie, die den Spieltrieb mobilisieren. Das heißt, das Auslösen phantasievoller mimetischer Spiellust ist das wichtigste Ziel dieser Übung, noch nicht akribische Genauigkeit der Geste und des Vorganges.

Variante: Die Studenten erhalten die Möglichkeit, ins Spiel einzugreifen. Durch einen Stop-Ruf können sie die Szene unterbrechen, um einen Spieler ihrer Wahl aus dem Spiel zu nehmen. Der Stop-Rufer tritt dann an dessen Stelle. Wenn er bei der Gelegenheit eine andere Figur einführt, sollte sie zur Situation passen. Die bereits in der Situation befindlichen Spieler müssen sich spontan auf die neue Figur einstellen.

Diese Übung fördert prononciert die Spiellust, die Spontaneität und die Phantasie. Sie ist eine gute Vorstufe für die Partnerübungen.

Marathon

Diese Übung sollte einmal durchgeführt und zu diesem Zweck ein großer Raum aufgesucht werden, da die gesamte Studiengruppe gleichzeitig agieren soll. Günstig ist es, wenn sich auf dem Boden eine Matte befindet oder Decken, damit sich die Übenden niederlassen können.

Aufgabe: Die Studenten werden gebeten, sich im Raum zu verteilen und sich vorzustellen, sie befänden sich in einem Zeltlager. Es ist Nacht und alle schlafen in ihren Zelten. Sie haben keinerlei Kontakt, auch später nicht, wenn das Spiel beginnt. Jeder soll den Eingebungen seiner Phantasie folgen, sobald der Pädagoge den Beginn des Spiels verkündet und durch weitere Zurufe die Situation verändert.

Erster Zuruf: »Aufstehen! Morgentoilette!«

Das Spielen beginnt. Jeder Student lässt sich nun von seinen Einfällen zur Situation leiten, ohne benachbarte Spieler zu beachten. Den Studenten wird Zeit gelassen, ihre Einfälle sinnlich-praktisch umzusetzen. Der eine geht an den nahen Bach, um sich zu waschen. Der andere springt hinein. Eine andere sucht die Waschstelle auf. Einige sind fast unbekleidet, andere prüfen erst das Wetter vorm Zelt. Manche putzen die Zähne gründlich, andere kämmen sich sorgfältig das Haar. Wieder andere lümmeln sich ungewaschen irgendwohin.

Nächster Zuruf: »Sonnenschein. Es wird warm.«

Die Studenten reagieren entsprechend. Weitere Zurufe in gemessenem Zeitabstand:

»Es kommt Wind auf!«

»Bewölkung! Regen! Sturm!«

»Es klart wieder auf! Sonnenschein!«

Auch die Phantasie des Pädagogen ist gefordert, vor allem aber die der Studenten. Für die Übung sollte man mindestens 30, besser 45 Minuten vorsehen. Schon nach 15, 20 Minuten ist zu beobachten, wie die Phantasie bei diesem oder jenem Studenten anfängt »leer« zu laufen, wie Spieler froh sind, wenn ein weiterer Zuruf neue Impulse auslöst. Die Studenten sollen die Erfahrung machen, dass die Phantasie zwar nicht unerschöpflich ist, man sie aber mit Mühe und Willen immer neu ankurbeln kann.

B.2e   Partnerübungen

Zweck dieser Übungen ist es, den konkreten »Umgang« mit dem Partner zu trainieren, für ihn sensibel zu sein, sich zu öffnen und darauf einzurichten, dass er künftig als lebendiges Element in das Vorstellungsbild von der Bühnensituation einbezogen werden muss. Was in der Übung »Ein Erlebnis spielen« »automatisch« mit ins Spiel kam, eben der Partner, wird nun bewusst gemacht. Die Partnerübungen sind allerdings noch keine Improvisationen, da sie kein Abbild von Wirklichkeit anstreben. Andererseits sind sie grundsätzlich auch nicht als ein rein technischer Ablauf zu trainieren. Sie erfüllen ihren Zweck nur, wenn das Entstehen der sinnlich-praktischen Beziehungen zwischen den Partnern genussvoll empfunden und vollzogen wird.

Partner beobachten

Wurde der Partner bislang unbewusst und mehr oder weniger genau angeschaut, so wird das Beobachten nun als wesentliches Element aller Bühnenbeziehung bewusst ausgeführt.

Aufgabe: Ein Student und eine Studentin gehen auf die Bühne und setzen sich mit etwa zwei Meter Abstand einander gegenüber. Der Student beobachtet die Studentin, die sich beobachten lässt. Er mustert sie gründlich und wenn er glaubt, sie lange genug betrachtet zu haben, soll er seinen Beobachtungsbefund in einen Satz fassen und aussprechen. Dabei soll er verbalisieren, was sich ihm auf Grund des Beobachtungsvorganges aufdrängt.

Die Übung trainiert nicht nur das genaue Hinschauen. Sie macht im Keim den Prozess erlebbar, der vom Schauen über das Bewerten zum Wort führt (wenngleich hier das sinnlich-praktische Tätigsein auf aktives Anschauen reduziert ist).

Meist stellt sich bei dieser Übung so etwas wie eine Grundhaltung her. Das heißt, durch das aktive Schauen wird die Wechselwirkung zwischen innerer Einstellung und äußerer Haltung stimuliert; das wiederum kann zu einem bestimmten Verhalten führen. Männer sitzen sich dann oft gelöst und kameradschaftlich neugierig gegenüber, zwischen Frauen kommt zuweilen Konkurrenz auf und zwischen Mann und Frau können spannungsvolles Interesse oder demonstratives Desinteresse die Oberhand gewinnen.

Die zuschauende Studiengruppe trainiert mit dieser Übung die Fähigkeit, die Reihenfolge des Beobachteten zu speichern und anschließend zu beschreiben.

Dem Partner erzählen

Geübt wird die Fähigkeit, Beobachtetes in seinem Ablauf plastisch erzählend wiederzugeben. Sinn der Übung ist nicht nur, Partnerbeziehung zu trainieren, sondern auch zu erfahren, wie allein durch den Handlungsvorgang »erzählen« Haltungen und ein so genannter Grundgestus entstehen.

Aufgabe: Zwei Studenten sitzen sich auf der Bühne gegenüber. Einer berichtet dem anderen, was er am Vortage in der Stadtbahn, in der Straßenbahn oder auf der Straße Auffallendes an einem Menschen beobachtet hat. Erzählt werden soll dem Zuhörer auf der Bühne, nicht der Studiengruppe im Raum.

Beim Erzähler stellt sich ein Grundgestus des Erzählens her, und beim Zuhörer einer des Zuhörens, jeweils in verschiedenen Varianten. Die erzählte Geschichte kann langweilig sein, sie kann umständlich oder sie kann unverständlich erzählt sein, was zu jeweils anderen Haltungen führt. Möglicherweise redet ein Erzähler aufdringlich auf den Partner ein oder er schaut ihn nicht an und plaudert einfach so daher.

In der Regel wird nicht nur auf der Bühne, sondern auch bei den Zuschauern im Raum Aufmerksamkeit erweckt, wenn eine bemerkenswerte Beobachtung sinnfällig erzählt wird. Dies ist ein wichtiges Erlebnis für den Erzähler, denn der Schauspieler auf der Bühne braucht eine eigene Überzeugungskraft, die Selbstsicherheit: Mich hat das interessiert, also erzähle ich das!

Anschleichen

Beim Beobachten des Partners sind die Augen das wichtigste Instrument. Beim Erzählen kommt es auf verbale Kommunikation an. Mit der folgenden Übung werden andere Sinne sensibilisiert. *Aufgabe: Ein Student sitzt auf einem Stuhl mit Blickrichtung zum Publikum nahe der Rampe. Ein anderer hinter ihm schleicht sich an ihn heran. Der Sitzende darf sich umdrehen, wenn er meint, der andere sei ganz nahe.* Die Übung schult die Sensibilität, das Gespür für den Partner. Sie hilft, die sinnlich-gestischen Momente der Beziehung zum Partner bewusst zu trainieren und zu erfahren. Aufgeschlossenheit für den Partner wird provoziert.

Der Sitzende registriert und bewertet das Anschleichen ständig aufgrund unterschiedlicher Daten. Selbstverständlich nimmt er das Verhalten der Zuschauer wahr, er vertraut aber auch seinem Zeitgefühl, und er hört unter Umständen, dass die Dielen hinter ihm knarren und jemand näher kommt. Diese multiple Aufgeschlossenheit wird auf der Bühne benötigt und hier erfahrbar.

Partner-Kontakt

Jede Partnerbeziehung ist auch ein Verhältnis von Abhängigkeit, bedeutet Verantwortung für den Partner. *Aufgabe: Zwei Studenten stellen sich auf der Bühne gegenüber, so dass sich bei locker vorgestreckten Armen gerade ihre Zeigefinger sanft berühren. Nun übernimmt einer die Initiative und führt den anderen sorgsam und einfühlsam auf der Bühne umher, wobei die Berührung der Zeigefinger beibehalten werden muss.* Die Übung sollte so ausgeführt werden, dass beide Studenten Spaß daran haben. Nicht Verrenkungen sind das Ziel, obwohl sie eintreten können, sondern die flexible Wechselbeziehung. Der Führende darf vom Geführten nicht mehr verlangen, als dieser zu leisten imstande ist, sonst reißt der zarte Kontakt zwischen den Fingerspitzen. Nicht das Technische an diesem Kontakt ist wichtig, sondern die über den Kontakt entstehende sinnlich-praktische Beziehung.

Variante: Der Geführte schließt die Augen. Diese Übung bewirkt eine noch stärkere Sensibilisierung und erzwingt eine größere Öffnung gegenüber dem Partner. So erzeugt sie Vertrauen in den Partner.

Variante: Dem Geführten werden die Augen verbunden. Der Fingerspitzenkontakt wird aufgegeben, dafür öffnen beide Spieler Arme und Hände gleichsam wie Antennen. Nun versucht der Führende, den anderen im Raum zu manövrieren, ohne ihn zu berühren. Diese Variante treibt diese Art von Übung auf die Spitze. Sie funktioniert nur, wenn die vorherigen Varianten bereits absolviert wurden, die beiden Spieler also offen sind für das außergewöhnliche »Senden« und »Empfangen«. Während der Übung muss es im Raum absolut ruhig sein, damit die beiden Versuchenden sich ganz und gar auf ihre Beziehung konzentrieren können. Die Körperwärme der Hände, die wahrgenommen wird, der Atem des Partners, leise Geräusche des Gehens helfen zur Orientierung, so dass es tatsächlich gelingen kann, den Partner im Raum zu manövrieren.

Diese Mobilisierung aller Sinne ist eine schöne und gute Erfahrung im Umgang mit dem Partner, letztlich aber eine Übung wie alle anderen, also nicht von zentraler Bedeutung. Wenn sie den Studierenden nicht gelingt, besteht keinerlei Notwendigkeit, unentwegt weiterzuprobieren.

Der Spiegel

Sinn der Übung ist das Training der Abhängigkeit von Beobachten und Reagieren.

Aufgabe: Zwei Studenten stellen sich auf der Bühne einander gegenüber. Einer beginnt eine Bewegung des Armes oder des Beines oder des Kopfes, je nachdem, der andere kopiert die Bewegung spiegelgetreu.

Geschult wird das Beobachten und unmittelbare Reagieren auf Aktionen des Partners. Zugleich wird gegenseitige Rücksichtnahme trainiert; denn jede zu schnelle Bewegung kann die Beziehung zerstören.

Schlagabtausch

Während die »Spiegel«-Übung gegenseitige Rücksichtnahme pflegt, erzwingt diese Übung das Training einer Beziehung zwischen Angreifer und Verteidiger.

Aufgabe: Zwei Studenten stellen sich auf der Bühne einander gegenüber. Der eine ist der Angreifer, der andere der Verteidiger. Der Angreifer schlägt mit den Armen, stößt mit dem Kopf, der Schulter oder den Füßen, plötzlich, überraschend, jedoch ohne den in sicherer Entfernung stehenden Verteidiger wirklich zu treffen. Dieser reagiert spontan als Getroffener mit dem Körperteil, auf den gezielt wurde.

Die Vorübung trainiert das spontane Regieren auf Aktionen einer einer Gegenfigur.

Fallen lassen

Eine weitere Übung, mittels derer Vertrauen in die Mitarbeit der Kollegen erfahrbar gemacht und aufgebaut werden kann.

Aufgabe: Die Gruppe bildet einen Kreis, inmitten des Kreises steht ein Student mit verbundenen Augen. Er wird mehrfach gedreht, so dass er die Orientierung verliert. Nun soll er sich steif fallen lassen im Vertrauen, dass ihn seine Kollegen auffangen werden. Er wird wie ein Pendel im Kreis hin und her geworfen.

Vertrauen soll selbstverständlich nicht »blind« sein, aber es ist gut für die Arbeit und das Ensemble, wenn es aus der Partnerbeziehung erwächst und stark wird.

Mörder-Spiel

Provoziert wird ein sehr spielerischer Umgang mit dem Partner, Präzision durchaus einschließend.

Aufgabe: Die Studenten verteilen sich auf der Bühne und schließen die Augen. Nun geht der Pädagoge zwischen ihnen umher und schlägt einer Studentin oder einem Studenten auf die Schulter, sie/ihn damit ohne Wissen der anderen zum »Mörder« erklärend. Auf Zuruf des Pädagogen beginnt das Spiel.

Die Studenten öffnen die Augen und laufen auf der Bühne locker kreuz und quer, ohne sich zu bedrängen. Der Mörder muss versuchen, im geeigneten Moment einem Studenten so zuzublinzeln, dass nur der Auserwählte es sieht. Der Angeblinzelte geht weiter, zählt bis fünf und bricht dann mit einem Schmerzensschrei sterbend zusammen.

Auf diese Weise wird nicht nur hochdramatisch »Sterben« geübt, sondern vor allem die Spielphantasie angeregt.

Zug um Zug

Mit dieser letzten Vorübung wird ein wesentlicher Schritt getan hin zum Schauspielen, wenn auch zunächst nur zu den modellierenden Improvisationen. In »Zug um Zug« wird trainiert, was grundsätzlich im Spiel lebendig sein muss, nämlich das Offensein für den Partner und das konkrete Reagieren auf ihn. Dieser Zusammenhang wird zusammengefasst in der Arbeitsformel: »Beobachten – Bewerten – Reagieren«.

Aufgabe: Die Bühne wird an neun Punkten mit Kreide markiert, jeweils drei Punkten vorne an der Rampe, in der Mitte der Bühne und vor der Rückwand. Zwischen den Punkten ist ein möglichst immer gleicher Abstand einzuhalten.

Zwei Studenten gehen auf die Bühne, der eine zu dem Punkt links hinten, der andere zu dem Punkt rechts vorne. Entweder nach Absprache oder aus der Situation heraus beginnt einer mit dem ersten Zug, das heißt, er bewegt sich – gleichsam wie eine Schachfigur – von seinem Punkt zu einem nächstliegenden Punkt. Der andere Spieler beobachtet ihn und reagiert mit seinem Zug, nachdem der erste an seinem Punkt angelangt und zur Ruhe gekommen ist. So geht es Zug um Zug weiter. Aus den Partnerbeziehungen, die sich herstellen, entsteht eine gestische Beziehung zwischen Menschen.

Diese Übung sollte grundsätzlich jeder Student wenigstens einmal gespielt haben. Die Erfahrungen bei »Zug um Zug« bilden sozusagen eine Grundsubstanz des Handelns auf der Bühne. Tödlich für den Vorgang, für die Szene ist es, wenn ein Schauspieler in die Aktion seines Partners hineinagiert (es sei denn, es ist Absicht und so inszeniert!).

Die Übung muss langsam angegangen werden, und es darf dabei

nicht geschludert werden. Grundsätzlich gilt: Zunächst den Partner und dessen Zug beobachten und werten, erst danach reagieren. Agieren Partner gleichen Geschlechts auf der Bühne, steigert sich Zug um Zug meist ein Konkurrenz-Verhalten. Gehen Mann und Frau ins Spiel, entwickeln sich zuweilen Flirt und Koketterie. Das spontan entstehende Arrangement der Beziehungen teilt also unterschwellig bereits etwas mit über die Beziehungen der Figuren. Aber das Entstehen eines beredten Vorganges aus der »Zug-um-Zug«-Abfolge ist in dieser Phase der Ausbildung noch nicht das Ziel.

B.3 · Einzel-Improvisationen

In der nun anschließenden Ausbildungsphase werden Grundelemente des Schauspielens einzeln geübt, die eigentlich zusammengehören; um sie kennen zu lernen aber, werden sie zunächst einmal in ihrer elementaren Beschaffenheit separat trainiert.

Es geht hierbei um die Umstände des Spielens »Wer – Was – Warum – Wozu – Wo – Wie – Wann?«, nach denen der Schauspieler fragt und mit denen er seine Improvisation stimuliert. Letztlich – auch schon bei diesem Auftakt – sind zwar alle Grundelemente irgendwie mit im Spiel, aber wenn sie nicht bewusst eingebracht werden, hängt es vom Talent des Spielers ab, ob sie virulent sind.

Zunächst also, in den Einzel-Improvisationen, werden die Umstände einzeln angespielt und der Umgang mit ihnen trainiert. Sobald es dann um den Partner geht, um die Gegenfigur, und schließlich um die Verwandlung in eine fremde Figur, müssen alle Umstände (Grundelemente) gewissermaßen automatisiert in ihrem komplexen Zusammenhang zur Verfügung stehen.

Der Pädagoge lässt also zunächst isoliert üben, was seine Funktion in der schauspielerischen Praxis erst im Zusammenspiel mit den anderen Elementen voll erfüllt. Letzten Endes ist es ja nicht das Handwerkszeug und seine Art der Nutzung, die dargestellt werden sollen, sondern ein überzeugendes und lebendiges Bild eines Menschen.

Wenn in dieser Übungsphase zu »akademisch« vorgegangen wird, zu sehr Schritt für Schritt, besteht durchaus eine gewisse Ge-

fahr, dass sich eine trockene, leidenschaftslose Art des Spielens ein-
schleicht. Schematisches Vorgehen lässt sich vermeiden, indem die
unterschiedlichen Spiel-Angebote der Studenten genutzt werden
und bei den Auswertungen auf individuelle Schwierigkeiten einge-
gangen wird. Wenn beispielsweise Improvisationen auf der Tagesordnung stehen, mit denen insbesondere nach dem »Wo?« gefragt
werden soll, ein Student aber ein Angebot macht, bei dem er ganz
offensichtlich das »Was?« vernachlässigt hat, muss ausführlicher
darüber gesprochen und zur sinnfälligen Klärung seine Improvisation möglicherweise wiederholt werden. Überhaupt ist die prakti-
sche Demonstration meist überzeugender als lange Erörterungen.

In den nun zu absolvierenden Einzel-Improvisationen wird alles
Verwendung finden, was in den Vorübungen trainiert wurde und
mittlerweile mehr oder weniger verinnerlicht zur Verfügung stehen
sollte.

B.3a   Mit einem Gegenstand handeln

Eine Improvisation kommt in Gang, wenn – ausgelöst und ange-
schoben durch den Spieltrieb – ein Akteur mit einem Gegenstand
handelt.

Um der Spielphantasie und dem Spieltrieb Nahrung und Impulse zu geben, sollte jeder Studiengruppe von zehn bis zwölf Studenten eine Spielkiste mit allerhand Requisiten zur Verfügung stehen. Das kann ausrangierter Trödel sein, aber jedes einzelne Stück
sollte noch in einem guten, relativ brauchbaren Zustand sein. In der
Kiste könnten sich Hüte befinden, Messer und Gabel, Wecker, Tas-
sen und Töpfe, Telefon, Bücher, Stifte, Papier, Taschen usw. usw.

Der Pädagoge gibt diese Kiste zur Besichtigung frei und fordert
auf, jeder möge sich, nachdem er alles gründlich in Augenschein genommen hat, letztlich für einen Gegenstand entscheiden. Mit diesem Requisit soll er dann später spielen.

Die Studenten stürzen sich in der Regel mit großem Hallo auf
die Gegenstände, und bei den meisten kommt, sobald sie einen
Gegenstand in den Händen halten, auch gleich der Impuls und die
Lust, mit dem Hut oder der Tasche irgendetwas vorzuführen. Nach
geraumer Zeit entspannt sich die Lage, die Studenten nehmen wie-

der Platz im Raum. Jeder sollte nun den Gegenstand bei sich haben, mit dem er zu spielen gedenkt.

Jetzt fordert der Pädagoge auf, sich zu überlegen, was man mit dem Gegenstand tun könnte. Wer eine Idee hat, solle sich melden und sich auf die Bühne begeben, um es vorzuführen. (Ob alle Studenten an diesem Tage an die Reihe kommen, was wünschenswert ist, hängt natürlich davon ab, welche Angebote im Einzelnen gemacht und wie ausführlich darüber gesprochen werden muss.)

Aufgabe: Mit einem Gegenstand handeln.

Sobald ein Student einen Einfall hat, den er spielen möchte, wird er auf die Bühne gebeten. Und der Pädagoge bedeutet ihm, sich zu konzentrieren und auf den Zuruf »Vorhang – Licht!« seine Improvisation zu beginnen.

Obwohl der Student zunächst nur das »Was?« spielen soll, kommt natürlich sofort – wie bereits erwähnt – ein komplexer Spielprozess in Gang, das heißt, es werden vom Studenten ungewollt, aber zwangsläufig mehr Daten ins Spiel gebracht, als er zur Zeit bewältigen kann. Auf die wichtigen Fragen »Wer? Wo? Warum? Wozu? Wie? Wann?« wird er noch keine Antwort geben können, obwohl er sie anspielt. Das ist ihm nicht vorzuwerfen, bietet aber dem Pädagogen eine Gelegenheit, auf das Phänomen aufmerksam zu machen und die Studenten erneut zu bitten, sich zunächst einmal ganz bewusst auf das »Was?« zu konzentrieren.

Das heißt, auf die Frage nach dem Umstand »Was?« sollte möglichst klar mit einem Verb geantwortet werden (»begutachten«, »prüfen«, »ausprobieren«, je nachdem, zu welcher Tätigkeit der Gegenstand verlockt). Das Verb ist das Stimulans für den Spieltrieb, es löst das fiktive Handeln in der Improvisation aus. Um die durch das Verb ausgelöste konkrete Tätigkeit ranken sich dann sämtliche übrigen Umstände des Bühnenhandelns, die indessen, davon war mehrfach oben die Rede, im Moment noch nicht alle angespielt werden müssen.

Allerdings – und dieser Erfahrung muss sich niemand schämen – geraten die ersten Versuche gelegentlich zu leeren, dürren Hantierungen. Es ist eine besondere Kalamität dieser Phase der Ausbildung, dass zum Zwecke des Kennenlernens zunächst einzeln geübt werden muss, was eigentlich in einen komplexen spielerischen Zusammenhang gehört und auch nur dort im Sinne realistischer Bühnenhandelns funktioniert. Daher sollte alsbald ein weiterer Umstand mit angespielt werden. Erlernt werden soll ja nicht ein unauffälliges Handeln im Alltag, sondern ein fiktives, möglichst prägnantes Handeln vor Zuschauern im Spiel auf der Bühne, also eine künstlerische Tätigkeit.

Wenn ein Student beispielsweise kurz mit einem Hut hantiert und ihn dann aufsetzt, nur um zu zeigen, »das ist ein Hut«, gibt das dem Pädagogen die Möglichkeit, den Studenten zu einer Wiederholung aufzufordern. Dabei soll er vorher auch überlegen, »Warum?« er zu dem Hut greift. Möglicherweise stellt sich der Student nun einen Tisch als Ladentheke auf die Bühne und legt den Hut darauf. Dann nimmt er ihn in die Hand, betrachtet ihn von allen Seiten, setzt ihn auf, sucht einen Spiegel, begutachtet sich mit Hut im Spiegel, legt den Hut zurück auf den Tisch und geht ab. Im Keime und für alle Studenten im Raum sichtbar ist ein erster Vorgang entstanden, der sogar schon enthält, was später »Drehpunkt« genannt werden wird, nämlich einen Punkt der Entscheidung: »Nein, den Hut nehme ich nicht!«

Der Pädagoge muss nicht unbedingt auf alle nun angespielten Aspekte verweisen, zumal die Studenten in dieser Phase so viel Neues verarbeiten müssen, dass das eine oder andere zwangsläufig untergeht. Gelegenheit übrigens für den Pädagogen, den Studenten zu raten, sich während des Unterrichts Arbeitsprotokolle anzufertigen, die sie am Abend noch einmal durchgehen können.

Grundsätzlich erfolgt nach jeder Improvisation eine Auswertung. Sie beginnt damit, dass die Studenten gebeten werden zu beschreiben, was sie soeben gesehen haben. Dabei kommt es nicht auf Spekulationen an, wie dies oder jenes vielleicht zu verstehen oder zu deuten ist, auch nicht darauf, was man empfunden hat. Kriterium ist grundsätzlich: Was war zu sehen? Was hat sich auf der Bühne getan?

Erst wenn die Studenten den kleinen Vorgang auf der Bühne nachvollziehbar und genau geschildert haben, ergänzt der Pädagoge, was er für notwendig hält, und bewertet. Die Einschätzungen des Dozenten, seine »Kritiken«, werden unterschiedlich ausfallen. Stets sollte er seine Hinweise anhand des soeben gelieferten Ergebnisses geben: das Besondere für den Studenten, von dem die Improvisation stammt, und das Allgemeine für die ganze Gruppe.

Der Gruppe wird er in der jetzigen Phase höchstwahrscheinlich raten, der Neigung zu widerstehen, nun gleich mit mehreren Gegenständen auf der Bühne zu operieren. Zunächst kommt es darauf an, dass jeder Student für sich selbst die Spiel- und Bühnenerfahrung macht, wie aus seiner Antwort auf die Frage »Was?« – dem Verb und dem durch das Verb ausgelösten Handeln mit dem Gegenstand – ein Vorgang wird, der im Keime sogar schon etwas erzählt.

B.3b Das Requisit als materieller Hebel

Alsbald werden die Improvisationen inhaltlich angereichert. Löst doch das »Was?« alleine – wie im vorangehenden Kapitel bereits angesprochen – nur ein relativ leeres und unsinniges Hantieren auf der Bühne aus. Das sinnlich-praktische Handeln bedarf der Bereicherung, denn das Ziel ist ein ästhetisches Bild auf der Bühne und nicht ein möglichst getreu nachgestellter Alltag.

In das Handeln wird die Bedeutung eingebracht, die der Gegenstand (das Requisit) für den Akteur besitzt. Das geschieht, indem versucht wird, auf die Frage nach dem »Was?« im fiktiven Handeln auch eine wertende Beziehung zu dem Requisit herzustellen. Durch seinen sinnlich-materiellen Umgang mit dem Requisit kann der Student sichtbar machen, welche Bedeutung er ihm beimisst.

Aufgabe: Der Pädagoge gibt ein Requisit auf die Bühne und fordert auf, dazu ein »Was?« zu erfinden und zu spielen, welches Interesse man für den Gegenstand hat.

Nun handelt es sich also nicht mehr um einen Gegenstand, den sich die Studenten selbst ausgesucht haben, sondern um einen, der ihnen vorgegeben ist und zu dem sie einen Einfall produzieren müssen.

Angenommen, der Pädagoge hat einen Fotoapparat auf einen Tisch gelegt. Ein Student geht auf die Bühne, konzentriert sich kurz und nach dem Zuruf »Vorhang – Licht!« tritt er langsam an den Tisch heran, schaut sich immer wieder um, zögert, greift nach dem Apparat, nimmt ihn in die Hand, begutachtet ihn, schaut sich wieder um, geht plötzlich hastig mit dem Apparat ab. Ein Dieb! Das »Was?« lautete: stehlen! Angereichert durch die Skrupel, die der Dieb offenbar hatte.

Eine Studentin spielt, wie sie in ein Geschäft kommt, näher tritt, sich den Fotoapparat ansieht, scheu in die Hand nimmt und offenbar das Preisschild sucht, dann zurücklegt. Sie zieht ihre Geldtasche, zählt ihr Geld, zuckt bedauernd kurz mit den Schultern, geht ab. Im Ergebnis war nicht zu übersehen, dass ein wenig gedrückt, ein wenig »demonstriert« wurde. Die anderen Studenten hatten es beobachtet, auch der Pädagoge registrierte es.

Wenn ein Student dazu neigt, außer seinem Handeln auf der Bühne gleichzeitig zu zeigen, dass er spielt, muss er darauf aufmerksam gemacht und ihm muss geholfen werden, die eigentliche spielerische Substanz seines Handelns zu finden. Ihm ist zu raten, weniger an sich zu denken und sich dafür mehr am Requisit zu orientieren. Dem Studenten sollte bewusst sein, dass sich das Requisit mit seinem Schritt auf die Bühne verwandelt; es ist dann kein Requisit mehr, sondern ein ganz bestimmter Gegenstand in der Szene, mit dem man konkret handelt.

Nicht zu vermeiden ist, dass in den Improvisationen immer wieder einmal Requisiten gebraucht werden, die nicht zur Verfügung stehen und die sich die Studenten vorstellen müssen – eine Herausforderung für ihre Vorstellungskraft und ein ganz normaler Vorgang. Mindestens zwei Dinge aber sind dabei zu beachten: Erstens sollten nicht zu viele vorgestellte Gegenstände ins Spiel integriert werden. Der Spielphantasie gelingt es einfach noch nicht, diese in der notwendigen Komplexität zu produzieren, und Schluderei ist die Folge. Und zweitens ist eben dies, die Schluderei, oberflächliche Posen, grundsätzlich zu kritisieren. Das genaue Empfinden des vorgestellten Gegenstandes, das in den Vorübungen trainiert wurde, muss jetzt praktiziert werden. Daher ist es von Vorteil, sich zunächst einmal am gegebenen Requisit »festzuhalten« und darauf die Phantasie zu konzentrieren, anstatt auf Gegenstände, die nicht vorhanden sind und die man sich vorstellen muss.

Das konkret gegebene Requisit muss sich der Spieler nicht innerlich vor Augen führen; er sieht es wirklich und kann es anfassen. Das wiederum hilft ihm, vom Requisit Impulse für sein Handeln zu beziehen. Das Requisit ist also gleichsam ein materieller Hebel für das Finden des Verbs und zugleich das praktikable Mittel, das Verb, also die bestimmte Tätigkeit, in der Improvisation sichtbar zu machen.

Allerdings führt der Umgang mit im Alltag oft gebrauchten Gegenständen (Tasse, Hut usw.) zuweilen zu einer gewissen Leichtfertigkeit. Der Spieler gibt sich nicht dem konkreten Empfinden dieses Gegenstandes hin, nimmt ihn nicht neu und frisch wahr, sondern geht aus Gewohnheit mechanisch und folglich relativ empfindungslos damit um.

Sobald sich solche Flüchtigkeit abzeichnet, bittet der Pädagoge um Wiederholung der Improvisation, verbunden meist mit dem Hinweis, sich Zeit zu lassen in der Begegnung mit dem Gegenstand. Dem Studenten wird empfohlen, auf der Bühne in aller Ruhe das Entstehen der Gedanken beim Handeln zu erleben und den Prozess regelrecht auszukosten. Impuls und Handlung werden alsbald nicht mehr ineinander verschleifen, sondern gegliedert.

Die Aufforderung zum Auskosten kann allerdings auch zu einer gefühlsmäßigen Hingabe an das Requisit führen. Wird das Empfinden des Requisits zum Selbstzweck, so wird es isoliert und aus dem dialektischen Wechsel zwischen Spieler und Requisit herausgelöst. Das Empfinden eskaliert zum emotionalen Zustand, bläht sich zu einem allgemeinen Gefühl, da das Objekt sekundär geworden ist. Um dies zu vermeiden ist es hilfreich, in das »Was?« eine weitere Relation einzubringen: die zu einem Menschen.

Aufgabe: Der Pädagoge legt einen Spazierstock auf die Bühne und fordert auf, sich vorzustellen, welchem Menschen dieser Spazierstock gehören könnte. Wer eine Idee dazu hat, wird gebeten, sie zu improvisieren.

Im Alltag ist der Umgang mit einem Gegenstand ohne menschlichen Bezug möglich, nicht aber auf der Bühne. Das Spiel mit dem Requisit wird durchgeistigt, erhebt sich aus der Alltags- zur fiktiven Bühnenrealität, wenn es in Beziehung zu einem Menschen gesetzt wird. Erst die über das Requisit realisierte soziale Beziehung zu einem Menschen macht den Vorgang beredt. Wem gehört der Gegenstand? Wer mag ihn dorthin gelegt haben? Ist er vergessen worden? Hat ihn jemand verloren? Diese Fragen provozieren Auseinandersetzung mit dem Requisit, nähren die Phantasie, die sich nicht am Gegenstand erschöpft, sondern den Menschen dahinter sucht. Über das Requisit wird ein geistiges Verhältnis zu einem Menschen hergestellt, welches mit Hilfe des Requisits in einer Improvisation vermittelt und sichtbar wird.

Mögliche Angebote für die Spazierstock-Aufgabe können sein: Ein Student geht spazieren, läuft zunächst achtlos am Stock vorbei, kommt zurück, nimmt ihn verwundert auf, schaut ihn genau an, wirft ihn wieder weg. Ein anderer Student kommt suchend und entdeckt den Stock, greift erfreut danach und eilt ab. Ein weiterer Student geht zielstrebig auf den Stock zu, ergreift ihn, stutzt, schaut den Stock genau an, wirft ihn enttäuscht wieder weg.

Nicht immer ist es möglich, in die kurze Handlung so viel menschliche Beziehung in das gestische Verhältnis zu dem Stock einzubringen, dass die Zuschauer genau sehen, was es mit dem Stock und dessen Besitzer auf sich hat. In der kurzen Improvisation ist dies oft nicht zu leisten. Bei der Debatte nach der Improvisation erfährt jedoch jeder Student, wie viel von dem, was er glaubte, sichtbar gemacht zu haben, von seinen Zuschauern wirklich gesehen wurde. Und das ist im augenblicklichen Stadium der Ausbildung schon viel. Denn was ein Vorgang auf der Bühne ist und wie man ihn erspielen kann, wird erst in der nächsten Ausbildungsphase trainiert.

B.3c   Erfinden eines Vorganges

Beim Handeln mit dem Requisit (Kapitel B.3b) war – noch unbewusst – ein Vorgang entstanden, das heißt ein relativ abgeschlossener, kurzer Ablauf eines Bühnengeschehens. Zunächst mussten sich die Studenten jedoch nicht auf diesen Ablauf, sondern auf die sinnlich-praktische Beziehung zu dem Gegenstand konzentrieren. Und sie mussten ihr Augenmerk darauf richten, wie man im Umgang mit ihm eine Tätigkeit auf der Bühne erspielen und zugleich eine Beziehung sowohl zum Gegenstand als auch zu dessen möglichem Besitzer herstellen kann. Dabei entsteht – das ist die ästhetische Eigenart des Schauspielens – kein statisches Bild, sondern ein dynamischer Ablauf in Raum und Zeit.

Die Ausbildung muss sich nun auf den Ablauf konzentrieren. Jede Tätigkeit hat ihren Anfang und ihr Ende. Dazwischen liegt der Vorgang, der an das Verb gekoppelt ist, durch das er ausgelöst wurde, und an denjenigen, der die Tätigkeit beginnt, also an das »Wer?«.

Über das »Wer?« wird später der Übergang von der Selbst- zur Fremddarstellung trainiert werden, also die Verwandlung in einen anderen Menschen, zunächst aber wird auf die Frage nach dem »Wer?« mit »Ich« geantwortet. Zwar bleibt die Tendenz zur Verwandlung, zur mimischen Nachahmung anderer Menschen, immer virulent, jedoch hat der Student vorerst genug am Halse, um zu bewältigen, was auf der Tagesordnung steht: Erfinden eines Vorganges. Er muss das Wechselspiel zwischen dem »Wer?« (Ich und Tätigkeit) und dem »Was?« (Tätigkeit und Gegenstand) in Gang bringen.

Aufgabe: Der Pädagoge stellt auf der Bühne drei Stühle nebeneinander und erklärt, das sei eine Parkbank. Dann legt er eine Tasche auf diese Parkbank und fordert auf, sich dazu etwas einfallen zu lassen.

Der Dozent bringt also in diesem Falle bereits das »Wo?« mit ins Spiel. Das muss auch angespielt werden, aber primär geht es darum, eine kurze Geschichte im Umgang mit der Tasche zu erfinden. Zum Beispiel: Ein Student spaziert an der Parkbank vorbei, kommt zurück, um sich zu setzen, bemerkt die Tasche, schaut flüchtig um sich, setzt sich nieder, ergreift die Tasche und öffnet sie hastig. Er stöbert darin herum, findet nichts, legt sie enttäuscht zurück und geht ab.

Worin bestand der Vorgang? Aus mehreren Bestandteilen, Haltungen genannt, untergeordnet oder eingeordnet in die Tätigkeit, zu bezeichnen als »sich an fremdem Eigentum vergreifen« oder »neugierig sein« oder »sich ablenken lassen«. Je nachdem, welche der Tätigkeiten vom Studenten als dominant angesehen wird, gerät ihm der Ablauf des Vorganges. Wenn er unentschieden bleibt zwischen den drei Möglichkeiten, wird auch sein Spiel unentschieden sein. Hat er sich klar entschieden, wird der Ablauf ebenfalls klarer.

Auch die integrierten Haltungswechsel fallen klarer aus, sobald das dominante Handeln genauer bestimmt wird. Wenn »sich an fremdem Eigentum vergreifen« dominiert, werden mehrere Haltungswechsel entstehen, denn der Spieler muss immer wieder schauen, ob jemand kommt und er ertappt werden könnte. (Es sei denn, es handelt sich um einen dreisten Dieb, der kein Risiko scheut.) Dominiert »neugierig sein«, kommen andere Haltungswechsel zustande, weil vermutlich gründlicher in der Tasche gestöbert wird. Die Möglichkeiten sind fast unbegrenzt.

Sobald eine Tätigkeit sich minimal ändert, hat sie bereits einen
anderen Zuschnitt, und es läuft faktisch ein anderer Vorgang oder
sie bekommt eine andere Nuancierung. Schauspieler, die diese Differenzierung beherrschen, brillieren mit ihrem schier unerschöpf-
lichen Reichtum an Nuancen, mit ihrem Vermögen, Haltungen dif-
ferenziert zu wechseln. Für den Schauspielschüler gilt es freilich erst
einmal, das grundlegende Vorgehen zu trainieren.

Der Vorgang enthält alle geistigen und körperlichen Prozesse,
die sich im Handlungsverlauf an und in ihm (dem »Wer?«, dem
Spieler) sowie zwischen ihm und dem Requisit (oder später der
Gegenfigur) abspielen. Zwischen den Figuren geht etwas vor, weil
an und in ihnen etwas vorgeht, beziehungsweise es geht an und
in ihnen etwas vor, weil zwischen ihnen etwas vorgeht. In der mo-
mentanen Ausbildungsphase ist allerdings noch nicht die Gegenfigur das konstituierende Moment für den Vorgang, sondern das
Requisit.

Indem der Pädagoge die Tasche auf eine Parkbank legte, signali-
sierte er bereits, dass die Umstände »Wer?« tut »Was?« mit einem
Gegenstand für die Bühne nicht ausreichen, dass ohne das »Wo?«
nicht auszukommen ist. Jeder Vorgang läuft in einer ganz konkreten
Situation ab, und die Situation hat Einfluss auf den Ablauf des Vorganges. Und der Vorgang lässt sich desto genauer erfinden, je präziser die Situation aufgebaut ist.

B.3d   Aufbauen der Situation

»Eine Situation aufbauen« ist durchaus wörtlich zu nehmen. Es
geht um das »Wo?«, also darum, eine Bühnensituation zu schaffen,
zu der elementar der Raum gehört.

Aufgabe: Eine Tür öffnen und dahinter etwas Unerwartetes sehen.
(Notwendig für diese Aufgabe ist eine funktionierende Tür im Rahmen,
der auf der Bühne montiert werden kann. Die Position der Tür im
Raum kann wechseln, so dass der jeweils entstehende Vorgang aus
unterschiedlichen Richtungen beobachtet werden kann.)

Der Vorgang beginnt mit dem Öffnen der Tür und er endet mit
der Reaktion auf das, was hinter der Tür gesehen wird. Das simple
»Was?« (»ein Zimmer betreten«) wird modifiziert durch das »Wo?«,

das Zimmer, das betreten werden soll, und durch das, was sich in dem Zimmer befindet. Je genauer sich der Spieler vorzustellen vermag, was ihn hinter der Tür erwartet, desto präziser wird seine Reaktion sein. Sieht er eine Leiche hinter der Tür (solch drastische Einfälle sind beliebt), stoppt er das Eintreten möglicherweise mit Schrecken. Erblickt er ein schlafendes Kind, ist die Reaktion wahrscheinlich ein leises und behutsames Schließen der Tür. Doch sowohl Leiche als auch Kind sind als Bilder noch zu abstrakt. Der Vorgang wird konkreter, wenn die Situation genauer aufgebaut wird, also nicht nur eine Leiche entdeckt wird, sondern ein Toter mit einer ganz bestimmten Identität. Und wenn nicht einfach bloß ein Kind gesehen wird, sondern ein ganz bestimmtes Kind, das gesund ist oder möglicherweise krank.

Nach der »Tür«-Improvisation fordert der Dozent die Studiengruppe dazu auf, ein Wohnzimmer einzurichten. Den Studenten sollten mindestens ein Tisch, vier Stühle und eine Couch zur Verfügung stehen. Gut, wenn auch ein Sessel vorhanden ist und vielleicht eine Stehlampe. Unbedingt nötig ist die funktionierende Tür.

Sind mehr Möbel und verschiedene Requisiten verfügbar, führt das Aufbauen einer Situation meist zu einem kunterbunt eingerichteten Zimmer, das die Handschrift vieler Schöpfer trägt. Der Pädagoge kann bei der Gelegenheit darauf aufmerksam machen, dass in einen Spielort nur integriert werden sollte, was für das Spiel unerlässlich ist.

Weiteres Mobiliar kann die Phantasie hinzufügen. Wenn die Gruppe in Absprache noch dies und jenes aufstellt, etwa eine Standuhr, wurde zwar der Platz dafür gemeinsam festgelegt, aber vorstellen muss sich jeder die Standuhr selbst. Günstiger ist, wenn jeder Student das »Wo?« für seinen Spieleinfall auf seine Weise konkretisiert. Der eine stellt für seine Improvisation weitere Möbel dazu, der andere nimmt weg, ein dritter stellt die Möbel um, und ein nächster deklariert drei Stühle zu einem Schrank. Und mit Phantasie fügt er hinzu, was er zusätzlich für seinen Einfall braucht. Zu empfehlen ist in jedem Falle, die Phantasie nicht zu überfordern und die neue Aufgabe möglichst erst einmal mit den vorhandenen Möbeln anzugehen.

Aufgabe: Das soeben eingerichtete Wohnzimmer steht zur Unter-

miete frei, und es soll improvisiert werden, wie der Student das Zimmer betritt und begutachtet.

Zum Problem kann nun werden, den Vorgang, stimuliert durch das Verb »begutachten« oder durch das Verb »besichtigen«, tatsächlich in der Situation zu erspielen. Das heißt, um eine Improvisation in Gang zu bringen, sollten sich die Studenten nicht etwa eine kleine Handlung ausdenken, bevor sie auf die Bühne gehen. Tun sie das, blockieren sie sich in der Regel für ein lockeres Spiel auf der Bühne. Denn in ihrer Aufregung denken sie fortwährend daran, welchen Handlungsschritt sie als nächstes geplant hatten, statt offen zu sein für das Aufnehmen der real und fiktiv im Raum vorhandenen Möbel, also des zu vermietenden Zimmers.

Das Aufbauen einer Situation meint nicht nur, einen Raum mit notwendigen Möbeln und Requisiten einzurichten, sondern vor allem, ihn im Moment des Spielbeginns wirklich wahrzunehmen und zugleich mit Hilfe der Vorstellungskraft die Details hineinzustellen, die man darüber hinaus benötigt. Der so beschaffene Bühnenraum, das komplette »Wo?«, ist, aufgenommen und bewertet, nun der reale Spielraum, der das Entstehen des Vorgangs beeinflusst. Letztlich prägt die Situation den Vorgang entscheidend.

Stellt sich beispielsweise ein Spieler ein völlig verstaubtes Wohnzimmer vor, wird er höchstwahrscheinlich pikiert mit dem Finger über den Tisch und vielleicht noch über eine Stuhllehne fahren und vor der Entscheidung stehen, ob ihn der Staub zu einer Ablehnung veranlasst oder ob er großzügig darüber hinwegsieht. Kommt ein Spieler auf die Idee, ein Zimmer zu betreten, in dem es übel riecht, wird er den Raum vielleicht ansehen wollen, aber sofort zurückschrecken und vor der Entscheidung stehen, nach der Quelle des Gestankes Ausschau zu halten oder das Zimmer zu verlassen. Hat ein Student sich eine völlig veraltete Couch vorgestellt, die seinen Liegeansprüchen nicht genügt, wird er bei der Besichtigung des Raumes vor allem die Couch in Augenschein nehmen und begutachten. Dabei kann die real vorhandene Couch ganz und gar intakt sein, er aber spielt, dass sie seinen Anforderungen nicht genügt.

Das Erfinden des Vorganges trägt also zugleich zum Aufbau der Situation bei. Denn die Beschaffenheit der Couch, ein Teil der Situation, wird erst wirklich relevant für das Verb, für das Tun, wenn der

Student sie prüft und feststellt, dass sie in einem beklagenswerten Zustand ist.

Nach und nach verändern sich die Vorgaben des Pädagogen. Während bisher die Übungsaufgaben in erster Linie das methodische Rüstzeug trainierten, lenken die nun thematischen Vorgaben hin zum durch Arbeit hergestellten Schauspielen. Sinnvoll sind jetzt thematische Vorgaben, die unterschiedliche Antworten auf die »Ws« provozieren. Also beispielsweise zu fordern, beim »Wer?« mit »Ich brauche dringend ein Zimmer« zu antworten und den Einfall dazu spielen zu lassen. Oder beim »Wer?« mit »Ich habe schon ein Dutzend elende Löcher angesehen« zu antworten und den Einfall zu spielen. Erst die jeweilige Realisierung der Antwort ist die eigentliche materielle Entäußerung des Einfalls. Die entstehenden Improvisationen machen anschaulich, dass das Handeln, also der Vorgang, variiert, je nachdem, welches »ich« sich die Spieler vorstellen.

Alsbald allerdings sollte die thematische Vorgabe nicht auf ein einzelnes »W« abzielen, sondern den komplexen Spielvorgang ankurbeln und eine modellierende Improvisation stimulieren.

Thematische Vorgabe: Ein Student besichtigt ein möbliertes Zimmer, das ihm ein Freund für 300 Euro monatlich vermieten will und das damit offensichtlich überteuert ist. Der Student soll seine Entscheidung spielen.

Wenn ein Student das Zimmer betritt und prompt seine Entscheidung trifft, indem er brüsk wieder abgeht, kann das wahrscheinlich sein. Höchstwahrscheinlich aber hat er sich einen so deftigen Auftritt vorher ausgedacht und sich vermutlich gar nicht die Zeit genommen, den Raum wirklich aufzunehmen.

Vor Oberflächlichkeit selbst bei solch kleinem Vorgang ist also zu warnen; denn die Dialektik zwischen dem, was sich der Student vornimmt, und dem, was er dann wirklich konkret als Ablauf improvisiert, ist kompliziert und bedarf der Spielerfahrung. In der Regel sollte zunächst nicht mehr als ein Fixpunkt, ein während der Improvisation unbedingt anzuspielender Handlungspunkt, vorgegeben sein. Im vorliegenden Falle die Entscheidung für oder gegen das Zimmer. Zu diesem Punkt muss die Handlung hinführen, in diesem Punkt ist der Student festgelegt. Wie er dahin kommt, ist seiner Improvisation, also seiner Spielfreude und seinem Einfalls- und Erfindungsreichtum überlassen.

Zu viele Fixpunkte indessen, vor der Improvisation ausgedacht, lassen sich vom Anfänger nicht bewältigen. Sie blockieren meist die Spielphantasie, denn der Spieler ist auf seine Absichten orientiert und nicht mehr offen für die Situation. Dabei ist das Offen-Sein für die Situation außerordentlich wichtig, weil es später Voraussetzung für das konkrete Spiel mit dem Partner ist.

In dieser Ausbildungsphase aber agiert der Student allein. Er muss über Spielerfahrungen begreifen, dass schon die Veränderung eines Umstandes – »Wer?« oder »Wo?« – die Situation insgesamt ändert und zu einem neuen Vorgang führt. Da die »Ws« im Komplex wirksam sind, also als organischer Zusammenhang, sollten sie, nachdem ihre Funktion bekannt ist, nicht streng analytisch eingebracht werden. Das ist nicht zuletzt deshalb wichtig, weil sich bereits hier, ausgehend vom Allgemeingültigen, jeweils eigene methodische Praktiken entwickeln können. Das eine Talent vermag sich das »Wo?« sehr plastisch und konkret vorzustellen, das andere hält sich lieber am »Warum?« fest. Hier muss also sehr behutsam und unter Vermeidung jeglicher Schematismen gearbeitet werden. Studenten, die mit der Bewältigung des komplexen Fragenbündels Schwierigkeiten haben (es kommen noch »Warum?«, »Wozu?«, »Wie?« und »Wann?« hinzu), muss geduldig geholfen werden, den ihrem Talent gemäßen Zugang zu finden.

B.3e   Von der Improvisation zu fixiertem Spiel

Die Entwürfe kurzer Handlung, die nun gespielt werden, sind modellierende Improvisationen und werden in der Regel wiederholt, um das Fixieren des Entwurfes zu trainieren. Fixiert, also festgemacht, wird die in der Improvisation entstehende knappe Handlung an einem vorher bestimmten Punkt, Fixpunkt genannt, der zugleich ein »Drehpunkt« ist. Drehpunkte befinden sich dort, wo Entscheidungen fallen und ein neues »Was?«, das heißt ein neues Verb, eine neue Tätigkeit, zu dominieren beginnt.

Keine Entscheidung fällt ohne Grund. Deshalb wird nach Ursachen gefragt (»Warum?«) und nach dem Sinn der Entscheidung (»Wozu?«). Mit diesen weiteren »Ws« wird das Handeln angereichert. Das »Warum?« verankert die Tätigkeit in der Vergangenheit, liefert Begründungen. Das »Wozu?« orientiert das Handeln auf die Zukunft, auf Sinn und Zweck des Tuns. Jede Handlung, so scheinbar isoliert sie in dieser Ausbildungsphase auch improvisiert wird, ist auf vielfältige Weise mit den Umständen der fiktiven Bühnenrealität verstrickt.

Thematische Vorgabe: Eine Studentin besucht ihren Freund, einen Kommilitonen, mit dem sie gemeinsam arbeiten will. Sie hat einen Schlüssel zur Wohnung und betritt das Zimmer, obwohl der Freund noch nicht anwesend ist. Als sie es sich schon mal ein bisschen bequem machen will, entdeckt sie eine fremde Damen-Handtasche. Was entscheidet sie warum?

Das Zimmer richtet sich die Studentin selbst ein.

Zur Vorbereitung der Improvisation gehört also das materielle Aufbauen der Situation, nämlich die Einrichtung des Zimmers. Während die Studentin dies tut, bastelt sie natürlich im Geiste bereits an der Handlung. Sie ist gut beraten, wenn sie sich nicht zu viele Details vornimmt – allerdings notwendig den »Drehpunkt«, wo sie im Ablauf ihrer Tätigkeit die Tasche finden wird. Und sie sollte sich klar sein über die Tätigkeit, die bei ihr dominieren soll, sobald sie das Zimmer betritt.

Wenn sie ein unaufgeräumtes Zimmer des Freundes einrichtet, bestimmt diese Situation den Vorgang. Sie wird als dominierende Tätigkeit »aufräumen« wählen. Wenn sie ein in ordentlichem Zustand befindliches Zimmer einrichtet, wird sich als dominierende Tätigkeit wahrscheinlich »auf den Freund warten« empfehlen.

Das Verb mobilisiert den Spieltrieb der Studentin und sie beginnt ihre Improvisation, sobald der Pädagoge mit »Vorhang – Licht!« das Startsignal gegeben hat. Sie geht von der Situation aus und identifiziert sich mit der Tätigkeit. Wie lange sie nun zum Beispiel »aufräumt«, hängt davon ab, wie sie die Situation empfindet, also wie unaufgeräumt das Zimmer war und wie viel Aufwand ihr nötig scheint. Wenn sie überzieht, tritt die Handlung auf der Stelle und wird zum demonstrativen Selbstzweck. Das Gespür dafür entwickelt sich mit größerer Erfahrung. Manchmal überdehnt ein Spieler, weil es ihm nicht gelingt, das Handeln in der Improvisation spontan so zu steuern, dass er zu dem Punkt kommt, der als verbindlich vorgegeben ist.

Wenn die Studentin die Tasche beim Aufbauen der Situation offen und also gut sichtbar auf den Tisch gelegt hat, kann sie natürlich nicht erst minutenlang im Zimmer aufräumen und dann erstaunt die Tasche bemerken. In diesem Falle sollte sie schon beim Betreten des Zimmers aufmerksam werden und die Tasche ins Spiel einbeziehen. Möglich ist ein interessantes Spiel, wenn sie die Tasche zwar registriert, aber noch unberührt lässt. Langsam schaukelt sich die Neugier auf diese fremde Tasche in ihr hoch, bis sie sich schließlich entscheidet nachzusehen – nicht ohne sich vorher zu vergewissern, dass nicht etwa der Freund inzwischen gekommen ist.

Das heißt, das vor dem Drehpunkt (Fixpunkt) entstehende Spiel ist frei, nicht festgelegt, muss allerdings hinführen zum Bemerken der fremden Tasche. An diesem Punkt ist die Handlung gleichsam in der Situation verankert, also fixiert. Dieser Fixpunkt (fremde Tasche bemerken) wird zum Drehpunkt, weil an dieser Stelle des Handlungsablaufs eine Entscheidung fallen muss; die Studentin kann sich nach dem Entdecken der Tasche nicht mehr so verhalten wie vorher. Wie sie entscheidet und was sie nun warum tut, ist wiederum frei. (Sobald der Text eines Autors zu spielen ist, wird natürlich auch die Entscheidung und die folgende Handlung festgelegt sein.) Die Studentin kann also zum Beispiel so tun, als sei ihr die fremde Tasche schnuppe. Sie kann aber auch spielen, dass sie der fremden Tasche große Bedeutung beimisst.

Wesentlich bei den modellierenden Improvisationen ist also das Spielen einer Entscheidung; und bei der Wiederholung der Improvisation ist anzustreben, die Entscheidung genau so zu spielen, wie es beim ersten Entwurf gelang. Alsbald wird weiteres methodisches Rüstzeug (Untertext) hinzukommen, mit der eine Spielhandlung für Wiederholungen festgehalten werden kann. Vorerst sollen hierfür der Drehpunkt und die Haltungen vor und nach ihm genügen.

Der Pädagoge macht darauf aufmerksam, dass aus der gewählten Tätigkeit heraus (»aufräumen« oder »warten« beispielsweise) spontan bestimmte Haltungen entstehen, mit denen die Tätigkeit ausgeführt wird. Er weist des Weiteren darauf hin, dass die entstehende äußere und also sichtbare Haltung mit der inneren Einstellung zusammenhängt, die der Spielende zur Situation und zum Vorgang einnimmt.

Bei der Gelegenheit stellt sich heraus, dass – bleiben wir bei der thematischen Vorgabe – zur Situation natürlich nicht nur das Zimmer gehört, sondern auch der Freund, der es bewohnt. Was hat die Studentin für ein Verhältnis zu dem Freund? Was auch immer sie sich vorstellt, wird ihr Handeln und ihre Haltung beeinflussen. Ist ihr das Verhältnis wichtig, wird sie die fremde Damen-Handtasche nicht so ohne weiteres übergehen und sich also anders dazu verhalten als in dem Falle, dass ihr der Freund im Grunde gleichgültig ist.

Es kommt keinesfalls darauf an, etwa ein Haltungs-Theater zu erlernen, in dem der Student zur Demonstration eines Verhaltens äußere Haltung an äußere Haltung reiht. Die Abfolge der Haltungen, bedingt und verursacht durch Wechsel der inneren Einstellung zur Situation, führt in der Tat zu dem, was dann Verhalten oder Verhaltensweise genannt wird. Die Haltungen sind die eigentlichen Bausteine, mit denen ein Vorgang sichtbar gefügt wird. Aber nicht das Gefüge als solches soll wahrnehmbar werden, sondern die wahrscheinliche Handlung.

Und dazu gehört nun allerdings, dass Haltungswechsel am Drehpunkt deutlich gespielt werden. Vielleicht noch nicht beim ersten Entwurf einer Improvisation, wohl aber in der Wiederholung. Logisch, dass für diese Phase der Ausbildung ein Spiel-Einfall, der einen deutlichen Haltungswechsel erfordert, für Studenten am produktivsten ist. Wenn die Studentin, welche die Tasche findet, annimmt, sie habe ein inniges und vertrautes Verhältnis zu dem Freund, das durch die fremde Damen-Handtasche in Frage gestellt wird, dann wird es ihr nicht schwer fallen, einen Drehpunkt als Haltungswechsel drastisch zu spielen. Das kann so dramatisch – im guten Sinne – gelingen, dass die Neigung aufkommt, schon mal den Freund mit auf die Bühne zu schicken, obwohl das Partner-Spiel noch nicht an der Reihe ist ...

B.3f   Untertext

Auf dem Übungsprogramm steht der Untertext als das hilfreichste Mittel, eine Handlung geistig für Wiederholungen zu fixieren. Wenn die Drehpunkte, an denen in der Regel Entscheidungen fallen, und weitere Fixpunkte, die unbedingt angespielt werden müssen (in gewissem Zusammenhang aus dem Fenster schauen, an bestimmter Stelle Platz nehmen usw.), gleichsam materielle Veran-

kerungen im sichtbaren Vorgang und in der Situation sind, so ist
der Untertext die geistige Verankerung. Und nicht nur das: Er fungiert vor allem als Impulsgeber.

Die in den Improvisationen bislang mehr oder weniger zufällig
entstehende geistige Auseinandersetzung mit der Situation (an allem
Anfang möglicherweise mit der verzweifelten Frage: »Verdammt,
was mache ich jetzt?«) wird nun bewusst profiliert, das heißt aus
verschwommener, unbewusster Alltäglichkeit herausgelöst und zur
ästhetischen Kategorie erhoben.

Das Wahrnehmen der Damen-Handtasche beispielsweise führte
zu der Frage: Wem mag sie wohl gehören? Zwar wurde diese Frage
nicht ausgesprochen, aber innerlich formuliert war sie doch Impuls
für eine Aktion: Die Studentin griff neugierig nach der Tasche und
besah sie von allen Seiten. In diesem Kontext war der Handlungsgedanke bereits das, was – bewusst genutzt – als Untertext funktioniert.

Thematische Vorgabe: Jemand kommt mit einem Brief ins Zimmer,
setzt sich an den Tisch, liest den Brief und trifft eine Entscheidung.

Während der Spieler sich das Zimmer einrichtet, macht der Dozent darauf aufmerksam, dass nun bewusst mit Untertext trainiert
wird. Er bittet, auf die im Verlauf des Handelns entstehenden Gedanken und Überlegungen zu achten, und erinnert an die Assozia-
tionsübung. Außerdem weist er auf eine Voraussetzung für das Entstehen eines brauchbaren Untertextes hin: Der Student darf seine
Handlungsgedanken nicht bereits vor Beginn seines Spiels treffen,
also außerhalb der Szene, sondern erst in der Improvisation als geistige Auseinandersetzung mit der Situation.

Außerhalb der Szene kann kein wirklich situativer Untertext entstehen. Der Student, der das versucht, ist dann während seines
Spiels gedanklich vor allem mit dem beschäftigt, was er zuvor ausgedacht hat. Er ist nicht sensibel und offen für die Situation, sondern beansprucht von seinen außerhalb der Situation gefassten und
fixierten Vorsätzen

Die obige thematische Vorgabe »Brief lesen« bietet eine gute Gelegenheit, das Verhältnis zwischen Situation und entstehendem
Untertext bewusst zu machen. Den Brieftext, der zur Situation gehört, muss sich der Student vorher überlegen. Er kann ihn sich unter Umständen sogar aufschreiben. Den Untertext, die geistige Aus-

einandersetzung mit dem Brieftext (der ja zur Situation gehört), muss er beim Lesen des Briefes produzieren.

Im Brief kann geschrieben stehen, dass seine Freundin zu bestimmter Zeit am Bahnhof abgeholt werden möchte. Er liest das und stellt mit kurzem Blick auf die Uhr fest, dass es dafür schon zu spät ist. Die Mitteilung im Brief führte zum Handlungsgedanken, der wiederum löste den Blick auf die Uhr aus. Was im Alltag ganz selbstverständlich geschieht, der ständige Wechsel zwischen dem Wahrnehmen einer Situation und den Handlungsgedanken, die sie auslöst, wird auf der Bühne zu einer ästhetischen Kategorie erhoben.

Das heißt, der entstehende und schließlich mit der Handlung verkoppelte Untertext ist eine bewusst gestaltete und gegliederte Kette von Motiven. Nicht passive Hingabe an die Situation ist gefordert, sondern eine vorantreibende Auseinandersetzung, die auf Entscheidungen drängt. Die Kette der Motive ist eine heterogene Reihe von wesentlichen Handlungsgedanken, in der weder Lücken noch Bedeutungslosigkeit gestattet sind. Indem der Untertext bewusst als ein Wechsel der Einstellungen zur Situation strukturiert wird, löst er den Wechsel der Haltungen aus.

Das Entstehen und Festhalten des Untertextes – so individuell verschieden das letztlich gehandhabt wird – erfolgt während des Spiels, bei jedem Spieler in ganz eigener Abfolge. Für diese Abfolge gibt es kein Schema. Jeder Student wird während der Improvisationen immer wieder ausprobieren, wie er am besten mit dem Untertext umgeht. Aber es lassen sich auch allgemeine Grundsätze benennen, an die man sich halten kann und auf die hier verwiesen sei.

Zunächst einmal sollte die Auseinandersetzung mit der Situation – wie schon betont – bewusst widersprüchlich geführt werden. Dabei kann die Frage hilfreich sein: Was will ich? Allerdings ist sie ein rein technisches Mittel, kein Handlungsgedanke. Die Frage als Handlungsgedanken im Untertext festzuhalten, würde bedeuten, dass der Improvisierende ins Sinnieren gerät, sich also mit sich selbst statt mit der Situation auseinandersetzt. Es entstünde möglicherweise folgender Untertext: »Was will ich? Meine Güte, keine Ahnung! Was könnte ich denn tun? Will ich überhaupt etwas? Mann, was will ich? Ah! Frühstücken!« Eine solche Motivkette ist unproduktiv für den Schauspieler, sie verzögert und hemmt mögliche gestische und mimische Impulse.

»Was will ich?« wird zwar als Fragestimulans genutzt, aber bei der Untertext-Bildung ausgelassen. »Frühstücken? Ei kochen!« Schon mit diesen beiden Gedanken ist eine Aktion provoziert, etwa die Hinwendung zum Kühlschrank und damit die Auseinandersetzung mit der Situation. Ein leerer Kühlschrank löst einen anderen Gedanken aus als ein gefüllter.

Gefordert ist keine schematische Ja-nein-ja-nein-Kette, sondern Flexibilität und Individualität. Die Handlungsgedanken des Untertextes werden zwar letztlich keine ausgeformten Sätze sein, sondern eher Satz-Fragmente, aber plastisch und ergiebig für Handlungsimpulse. »Frühstück? – Ei! – Kühlschrank! – leer – Schlamperei!« kann eine mögliche Folge sein. Kriterium ist allein das durch die Handlungsgedanken ausgelöste sichtbare, logische beziehungsweise wahrscheinliche Handeln auf der Bühne.

Dabei sollte die Bedeutung des Untertextes für die Mimik nicht unterschätzt werden. Ein totes Gesicht trotz allerhand Spielastik auf der Bühne ist in der Regel das sichere Zeichen dafür, dass kein Untertext entwickelt wird, dass also keine innere Auseinandersetzung mit der Situation abläuft.

B.3g   Wohin mit den Gefühlen?

Die Auseinandersetzung mit Situation und Vorgang mittels der Handlungsgedanken ist Voraussetzung dafür, ein Wegfließen ins Gefühl auszuschließen und dennoch die emotionelle Komponente des jeweiligen Handelns angemessen zu bedienen.

Allgemein ist zu beachten, dass der in einer konkreten Situation zu erfindende Vorgang nicht zu einem emotionalen Zustand gerät und darin stecken bleibt. Das geschieht dann, wenn der Spieler sich nicht aktiv mit einer Situation auseinandersetzt, sondern wenn er sich ihr hingibt, sie also ichbezogen gefühlig auslebt. In diesem Fall bricht die wache, empfindsame Beziehung zur Situation – vermittelt durch das sinnlich-praktische Handeln – ab und reduziert sich auf eine emotionale Beziehung. Dadurch verliert das sinnlich-praktische Handeln seine elementare Bedeutung für den schauspielerischen Prozess, an seine Stelle tritt das psychische Erfühlen der Situation. Das Erfühlen eskaliert schnell und ungewollt zum situationsunabhängigen allgemeinen Sich-Fühlen. Das heißt, die dialektische Wechselbeziehung zur Situation geht verloren, die geistige Auseinandersetzung lahmt. Das verarmende Einfühlen in eine Figur nimmt hier seinen Anfang. Von der sinnlich-praktischen, also von der materiell-handelnden Beziehung zur Situation losgelöste Gefühle sind von geringer ästhetischer Potenz und kein konstitutives Element für die hier empfohlene Arbeitsmethode.

Selbstverständlich sind Gefühle wie im Leben so auch auf der Bühne immer mit im Spiel. Zunächst einmal trifft man im Produktionsprozess des Schauspielers jene emotionalen Grundeigenschaften an, die bei jeder Arbeitstätigkeit auftreten. Positive oder negative Emotionen, zwiespältige oder unbestimmte Gefühle entwickeln sich, je nachdem, ob der Schauspieler in seinem Bestreben erfolgreich ist oder nicht. Die hierbei aufkommenden Gefühle können stimulierend oder hemmend wirken, können die Phantasie blockieren oder mobilisieren. Eine gute Arbeitsatmosphäre ist daher für ausgebildete wie für angehende Schauspieler außerordentlich wichtig. Aber eine Steuerungsfunktion kommt den allgemeinen emotionalen Grundeigenschaften seines Schaffens auf der Bühne nicht zu. Im Gegenteil, dort muss er sich davon völlig freimachen können. Ärger über einen Kollegen beispielsweise hat im szenischen Arbeitsprozess nichts zu suchen.

Dass besagte Arbeits-Emotionen auszuklammern sind, wird meist ohne Widerspruch akzeptiert. Aber die Meinung, dass Emotionen auf der Bühne Steuerungsfunktion haben, hält sich hartnäckig. Indessen gibt es genau hierzu schon seit rund dreihundert Jahren eine schlüssige Antwort. Wie der französische Philosoph und Kunsttheoretiker Denis Diderot (1713-1784) in seinem »Paradox über den Schauspieler« erklärt, stammen die Tränen des Schauspielers aus seinem Gehirn, die des empfindsamen Menschen steigen aus seinem Herzen auf.

Natürlich kann ein Schauspieler als empfindsamer Mensch seine Tränen aus dem Herzen produzieren. Sie sind dann Ergebnis seines emotionalen Zustands, seiner Hingabe an die Figur, Resultat eines bei sich selbst produzierten Grundgefühls. Allerdings: Das mimetische Spiel verliert damit an gestalterischem Reichtum und schrumpft zur Zurschaustellung von Gefühlen. Aber will der schöpferisch arbeitende Schauspieler seinen Kopf frei haben für seine Arbeitstätigkeit, sollte er sich nicht den möglichen Emotionen der darzustellenden Figur ausliefern.

Wie macht er das? Indem er die geistige Auseinandersetzung mit der jeweiligen Situation sucht, also sich Untertext mit Hilfe der entstehenden Handlungsgedanken schafft. Und mit einem weiteren »W« aus dem W-Fragebündel, nämlich mit »Wie?«, reichert er das entstehende Handeln emotional an. Das »Wie?« gibt nicht nur Antwort auf laut oder leise, schnell oder langsam. Es erschließt den Vorgang, also die sinnlich-praktische Tätigkeit, auch hinsichtlich der Gefühle, mit denen die Figur agiert und die der Schauspieler kreieren will. Natürlich gelingt das nicht ohne mobilen Spieltrieb, nicht ohne Spiellust beim Entdecken und Aufdecken menschlichen Verhaltens und Empfindens. Im Übrigen verlangt niemand von einem Schauspieler, etwa einen leidenschaftlichen Ausbruch von Hass schon bei der ersten Probe vollendet spielen zu können. Dazu bedarf es vieler Improvisationen, das heißt Arbeit.

Sobald ein Student erst einmal erlebt, dass ein allgemeines Gefühl kein konstitutives Element für eine sozial konkrete Figur sein kann, bekommt er ein Gespür für die organische und produktive Proportionalität der einschlägigen geistigen Prozesse. Dieses Gespür bildet sich vor allem dann aus, wenn der Partner, die Gegenfigur, als das wesentliche konstitutive Element für die eigene Figur ins Spiel kommt. Der Student lernt die fiktiven Handlungsgefühle, die in der Auseinandersetzung mit der Situation aufkommen, als mehr oder weniger brauchbare beziehungsweise nötige geistige Ströme kennen. Sie können eine Figur gegebenenfalls bereichern und vielschichtig machen.

Es wird fortan zur Arbeitsaufgabe des angehenden Schauspielers, die Prioritäten zu wahren, das heißt, primär die Handlungsgedanken aus der Situation zu entwickeln und dabei nicht ins Gefühl wegzufließen, vielmehr die Emotionen in ihrer widersprüchlichen Gebundenheit an den Handlungsgedanken freizusetzen. Allein auf diese Weise wird auch das Gefühl zum Moment ästhetischer Widerspiegelung und liegt nicht als ein diffuser Schleier über einer Figur, sondern belebt die sinnliche Vielfalt ihrer Haltungswechsel. So kann es als Handlungsgefühl – abhängig von der konkreten Situation – den Handlungsgedanken sogar einmal ersetzen und handlungsauslösend wirken. Aber der Schauspieler sollte nie die Kontrolle darüber verlieren, selbst nicht in einer letzte Leidenschaft erfordernden Situation.

B.3h   Konkrete Geste oder theatrale Gebärde

Bis auf das »Wann?« im Fragenbündel der »Ws« hat der Student nun alle konstitutiven Elemente kennen gelernt, die bedient werden müssen, um sein Handeln auf der Bühne als ein Kunstbild zu erfinden. Ein gesondertes Training des »Wann?« ist nicht nötig, die Antwort klar. Um eine Situation und den ihr gemäßen Vorgang zeitlich genau zu bestimmen, muss nach dem »Wann?« gefragt werden. Wenn sich ein Geschehen beispielsweise ganz eindeutig im Winter abspielt, also höchstwahrscheinlich bei Kälte, dient das Bewusstmachen des »Wann?« einer Präzisierung des Spiels.

Je genauer die Antworten sind, die auf die »Ws« gegeben werden, desto konkreter wird die Tätigkeit in der Situation bis in die Gesten hinein. Man muss dann nicht auf allgemeine theatralische Gebärden zurückgreifen, die Klischees bedienen: aus Verzweiflung die Haare raufen, aus Schrecken das Gesicht mit den Händen bedecken, aus Begeisterung auf die Lenden schlagen, sich aus Stolz auf die Brust klopfen. Gefordert sind unverwechselbare originale Haltungen und Gesten.

Von besonderer Bedeutung ist die sozial konkrete Geste. Sie erschließt sich über das »Was?«, bedarf aber noch genauerer Bestimmung.

Thematische Vorgabe: Ein junger Mann oder eine junge Frau ist als Kellner/in in einem Restaurant angestellt und räumt nach Betriebsschluss die Tische ab. Dabei findet er/sie einen Ring. Zu spielen ist eine Entscheidung nach dem Finden des Rings.

Sobald zwei, drei Studenten diese Improvisation gespielt haben, wird nach dem sozialen Stand des Kellners gefragt. Die Studenten werden, vor allem hinsichtlich der Entscheidung, unterschiedliche Beobachtungen gemacht haben. Wurde der Ring einfach weggesteckt? Wurde er dem Chef übergeben? Was war das überhaupt für ein Restaurant? War es ein Nobelschuppen? War es eine Kneipe? Nachdem diese verschiedenen Möglichkeiten anhand der vorge-spielten Improvisationen bewusst gemacht worden sind, fordert der Pädagoge zu neuem Spiel auf, nun deutlicher auf die soziale Situa-tion zugeschnitten.

Thematische Vorgabe: Ein junger Mann oder eine junge Frau ist als Kellner/in in einem 5-Sterne-Hotel angestellt und räumt zwei Stunden nach Mitternacht in der Bar die Tische ab. Dabei findet er/sie einen Ring. Zu spielen ist eine Entscheidung nach dem Finden des Rings.

Bei der Auswertung dieser Improvisationen wird nun gezielt da-nach gefragt, in welcher Weise die besondere Situation in dieser Bar das Verhalten des Kellners determiniert hat und welche Gesten zu beobachten waren. Anschließend macht der Pädagoge eine neue Vorgabe:

Thematische Vorgabe: Ein junger Mann oder eine junge Frau ist als Kellner/in in einer uralten Hafenkneipe angestellt und räumt zwei Stunden nach Mitternacht die Tische ab. Dabei findet er/sie einen Ring. Zu spielen ist eine Entscheidung nach dem Finden des Rings.

Auch hier wird bei der Auswertung gezielt angesprochen, in wel-cher Weise die besondere Situation in dieser Kneipe das Verhalten des Kellners bestimmte und welche Gesten zu beobachten waren. Die Studiengruppe wird mit Genugtuung feststellen, dass die Spie-ler im Ansatz schon Figuren entworfen haben und dass es faktisch unzählige Möglichkeiten gibt. Und sie wird bemerken – und der Dozent wird es bestätigen –, dass es von außerordentlichem ästheti-schen Reiz sein kann, wenn man den Menschen auf der Bühne nicht einfach nur als ein biologisches Wesen der Natur begreift, sondern darüber hinaus als ein soziales Wesen der Gesellschaft.

In den Improvisationen verstärkt sich also die Tendenz, dass die Studenten nicht sich selbst, sondern einen anderen Menschen zu spielen versuchen. Dieses Phänomen resultiert aus dem ursprüng-lichen schauspielerischen Bedürfnis nach Verwandlung. Es genügt den Studenten nicht mehr, auf das »Wer?« im Fragenbündel »Wer – Was – Wo – Warum – Wozu – Wie – Wann?« mit »ich« zu antwor-ten, sondern sie möchten sich eine bestimmte Figur vorstellen.

Methodisch wird zwar vorerst noch nicht daran gearbeitet, aber die Tendenz zur fremden Figur sollte nicht abgeblockt werden. Ganz nebenbei kann die Ichbezogenheit der Spieler auf diese Weise allmählich abgebaut und die nachahmende Darstellung fremder Menschen vorbereitet werden.

Wenn ein Student versucht, den Untertext in einer konkreten Spielsituation nicht mehr als »Ich« zu entwickeln, sondern als die Figur, die er darstellen möchte, nimmt ihm das ein wenig die Last der Verantwortung für sein Handeln auf der Bühne. Er ist ja vorläufig noch, ob er will oder nicht, der Autor der jeweils entstehenden Begebenheit. Die Verwandlung in eine Figur ist eine Art Befreiung, eine Gelegenheit, das eigene noch zögernde »Ich« hinter dem Handeln einer fremden Person ein wenig zu «verbergen«. Agiert der Student als ein anderer Mensch, so entdeckt er die Möglichkeiten, die in ihm stecken.

B.4 Partner-Improvisationen

Im Rahmen der Vorübungen mit Partner erfuhren die Studenten, was es heißt, sich auf der Bühne mit einem anderen Menschen auseinandersetzen zu müssen. Dies wird nun die Regel.

Bislang war der in ihren Improvisationen erfundene Vorgang allein das Werk ihrer Phantasie, ihrer Vorstellungskraft und ihres sinnlich-praktischen Handelns. In die Situation, die sie aufbauten, war nichts integriert, was einen eigenen Willen gehabt und Widerstand hätte leisten können.

Die Forderung, für die Situation stets sensibel und offen zu sein und aus ihr heraus zu handeln, wurde daher von den Studenten oft noch nicht recht ernst genommen. Sie machten es sich gern leicht, verzichteten auf das Aufbauen der Situation und spielten etwas vor der Improvisation Ausgedachtes geschickt aus dem Gedächtnis herunter. Wenn der Pädagoge sie von ihrer falschen Arbeitsweise nicht abzubringen vermochte, entwickelten sie kein Gespür für die konkrete Situation, geschweige denn für Spielimpulse, die aus der Situation zu beziehen sind. Dabei ist das sensible Empfinden und Bewerten der Situation die grundlegende Voraussetzung für das Spiel mit dem Partner.

Der Partner, der nun hinzukommt, gehört als Gegenfigur zur Situation, ist aber unabhängig von der eigenen Phantasie des Spielers. Das Fragenbündel »Wer – Was – Wo – Warum – Wozu – Wie –

Wann?« ist also durch die Frage »Gegen wen?« zu ergänzen. Und die Antwort darauf kann nicht die Phantasie geben, sondern allein die genaue Beobachtung der Gegenfigur.

Die Gegenfigur, Produkt des Partners, hat ihren eigenen Willen. Und es ist von grundsätzlicher Bedeutung, ob dieser Wille der Gegenfigur lediglich als verbale Äußerung wahrgenommen, also eine »Hör-Beziehung« hergestellt wird, oder ob in erster Linie dessen gestisch-mimisches Verhalten beobachtet und bewertet wird. Nicht Geschwätz zwischen den Figuren ist anzustreben, sondern konkretes gestisches Spiel. Und das kommt zustande, wenn die Aktion der Gegenfigur wirklich wahrgenommen, bewertet und darauf reagiert wird.

Um die elementare Struktur der spielerischen Beziehung zwischen Figur und Gegenfigur als ein Verhältnis von Aktion und Reaktion, von Geben und Nehmen, von Beobachten und Bewerten zu verinnerlichen, wird die jetzt mit einer thematischen Vorgabe versehene »Zug-um-Zug«-Vorübung wiederholt. Die Technik beziehungsweise das Handlungsverfahren »Beobachten – Bewerten – Reagieren« wird als Grundstruktur beibehalten, Beziehungen aber sollen jetzt nicht mehr zufällig entstehen, sondern sie werden mit einer thematischen Vorgabe gleichsam programmiert.

Zweck der Übung ist es, das notwendige Geben und Nehmen in einer Partnerbeziehung auf der Bühne erfahrbar zu machen. Die Studenten sollen diese Beziehung erst einmal pur, als Struktur erleben. Das Handlungsverfahren »Beobachten – Bewerten – Reagieren« wird dabei nicht schematisiert, sondern in seiner elementaren Gliederung bewusst und handhabbar gemacht.

Die Aktion der Figur darf nie die Aktion der Gegenfigur beschneiden und stören, der stets ihr Zug zugebilligt werden muss. Das verlangt neben genauer Beobachtung Verständnis und Zügelung eigener Impulse. Es entwickelt sich ein Gespür für den günstigsten Moment, um die Aktion der Gegenfigur mit einer Aktion der eigenen Figur zu beantworten.

Die thematischen Vorgaben sollten so gewählt werden, dass sich zwei Personen, die sich noch nicht kennen, im Zugzwang befinden. Günstig ist eine thematische Empfehlung, die ein Geschehen auslöst, in dem eine Figur ein Anliegen gegenüber einer anderen verfolgt, beispielsweise aufkommendes Interesse. Das geschieht meist zwischen Mann und Frau, wobei zunächst offen gelassen werden kann, wer den aktiven Part übernimmt. Nach einer oft reizvollen Phase des Abtastens und Sondierens wird nicht selten ein Punkt erreicht, an dem eine Person die Initiative an sich reißt. Dann ist eine Umkehr der soeben entstandenen Beziehung sinnvoll. Wenn also bislang der Mann seiner Neugier gegenüber einer Frau nachging, sollte nun die Frau am Zuge sein. Die Unterschiede in den Aktivitäten zu erleben, ist für die Studenten wertvoll.

Möglich ist auch eine thematische Vorgabe, die ein Erkennen einschließt. Die Spieler ziehen zunächst achtlos aneinander vorbei, bis sich plötzlich eine Person erinnert, dass ihr die andere eine bestimmte Summe schuldet. Daraufhin nimmt sie die Verfolgung auf, die durchaus mit einem Ausruf enden kann. Etwa »Geld her!« oder »Entschuldigung, Sie schulden mir Geld!«, je nachdem.

Grundsätzlich sollte man sich bei dieser Übung Zeit lassen. Die Entscheidung zum jeweils nächsten Zug sollte wirklich aus dem Beziehungsgeflecht kommen, das entstanden ist. Es geht also nicht darum, vorgefasste Absichten hastig zu absolvieren, sondern gewissermaßen in die Situation hineinzulauschen, den Impuls kommen zu lassen. Dann allerdings sollte nicht vage reagiert werden, sondern bestimmt, damit die andere Person etwas zu schauen hat.

Wenn alle Studenten der Studiengruppe den gegliederten Abtausch der Züge mit Vergnügen bewältigen und sich ein Gefühl für den Rhythmus der Abfolgen eingestellt hat, kann die nächste Ausbildungsphase in Angriff genommen werden. Das Handlungsverfahren »Beobachten – Bewerten – Reagieren« sollte nun so weit verinnerlicht sein, dass es in den kommenden Improvisationen mit Partner lebendig ist, ohne dass der Student ständig an seine Erfüllung denkt. Er muss den Kopf für die neuen Aufgaben frei haben.

B.4a   Erste Begegnung

Im Grunde waren derartige »erste Begegnungen« schon in die »Zug-um-Zug«-Übung integriert, auch wenn es in erster Linie um die Verinnerlichung der Spielstruktur, um das Handlungsverfahren »Beobachten – Bewerten – Reagieren« ging. Jetzt wird das Handlungsverfahren nicht mehr auf neun Zugpunkte im Raum beschränkt, sondern sozusagen frei gesetzt. Bei den nun zu spielenden ersten Begegnungen ist der hinzukommende Partner also zu beobachten, sein Verhalten zu bewerten und darauf zu reagieren. Dies jedoch nicht mehr innerhalb eines Zugschemas von neun Punkten, sondern frei im Raum.

Thematische Vorgabe: Haltestelle. A wartet bereits auf den Bus. B kommt hinzu, sucht den Fahrplan, findet sich nicht zurecht und fragt schließlich A nach der Bus-Linie.

Die zwei Studenten, die zu dieser thematischen Vorgabe eine Improvisation versuchen wollen, verständigen sich kurz über die Situation. Es muss klar sein, ob zum Beispiel ein Wartehaus mit Bank angenommen wird oder nur ein Pfahl mit zerschlissenem Fahrplan-Schild. Dann gehen die Studenten auf die Bühne. A bereits zur Haltestelle, B noch hinter die Kulisse bzw. den Vorhang. Auf den Zuruf des Pädagogen »Vorhang – Licht!« beginnt A zu spielen. B kommt hinzu, wenn er es für richtig hält.

A und B sollten sich nun auf die Anwesenheit ihres Gegenübers konzentrieren, also sich bemühen, jede Regung des anderen aufzunehmen. Zugleich dürfen sie sich nicht verkrampfen, müssen locker und offen bleiben für eigene Impulse und wahrscheinliches Verhalten. Hat sich ein glaubwürdiger erster Kontakt ergeben, kann der zum Wort führen. Sobald daraus aber Geschwätz wird, sollte der Pädagoge unterbrechen.

Noch kommt es nicht auf Texte an, sondern auf das Erspüren der Anwesenheit einer von der eigenen Phantasie und Vorstellungskraft unabhängigen Person. Um das entstehende Geflecht von Beziehungen nicht unnötig zu komplizieren, sollten sowohl A als auch B zunächst als sie selbst agieren, also das »Wer?« eindeutig mit »Ich« beantworten.

Bei dieser Gelegenheit kann der Pädagoge den Studenten bewusst machen, dass sie nun beide die Verantwortung tragen für den entstehenden Vorgang. Später ist dafür zwar der Autor zuständig, aber die szenische Umsetzung obliegt nun einmal den Schauspielern. Also sollten sie schon frühzeitig das gemeinsame Interesse entwickeln, einen Vorgang und in Perspektive alsbald mehrere Vorgänge nachvollziehbar zu spielen. Die »Erste Begegnung« ist folglich keine Übung, mit der möglichst natürlich ausprobiert werden soll, wie das ist, wenn beispielsweise zwei Personen den Zug verpas-

sen und sich im kalten Warteraum eines Vorort-Bahnhofs begegnen. Im Alltag ist das in der Regel eine äußerst langweilige Angelegenheit. Aber hier auf der Bühne soll ausprobiert werden, wie zwei
Spieler einen konkreten Vorgang erfinden. Sind die beiden Spieler
dabei nur »Teil« der Wirklichkeit und nicht zugleich deren »Abbild«, bleibt die Improvisation einer ersten Begegnung möglicherweise in »naturalistischer« Belanglosigkeit stecken, beispielsweise im
leeren Geschwafel. Was einmal unmittelbar zu erfahren allerdings
kein Nachteil sein muss. Doch bei der nächsten Improvisation kann
und soll darauf geachtet werden, Text sparsam einzusetzen. Der Dozent unterbricht in der Regel, wenn das Handeln der Improvisierenden zu Gerede eskaliert.

*Thematische Vorgabe: Strand. Sonnenschein. A liegt im Sand und
sonnt sich. B kommt hinzu und stört. Möglichkeiten sind unter ande-
rem: Annäherung versuchen. Unachtsam entlang gehen. Dreist stören.
Etwas im Sand suchen.*

Auch bei dieser Improvisation verständigen sich die Spieler kurz
über die Situation, ohne Handlungen abzusprechen. Dann wird gespielt. Kommt Geschwätz auf, bricht der Pädagoge ab. Sobald sämtliche Studenten einer Studiengruppe die »Erste Begegnung« auf der
Bühne ausprobiert haben, wird der nächste Schritt unternommen.

B.4b   Tendenz zur Figur

Nachdem in der »Ersten Begegnung« trainiert worden ist, einen
Partner auf der Bühne zu »verarbeiten«, wird nun geübt, sich mit
ihm als Gegenfigur auseinander zu setzen. Ausgangspunkt ist das
spielerische Angebot der Studenten.

Ein Student spielt eine Improvisation an, und die Studiengruppe
beobachtet das dabei entstehende Figuren-Angebot. Je genauer der
Student eine Figur in konkreter Situation anspielt, desto schneller
und einfacher wird sie rezipierbar. Bald sprudeln bei den zuschauenden Studenten Einfälle, als Gegenfigur in die angebotene Situation einzusteigen.

Da auch in dieser Phase vor allem die Begegnung mit dem neuen
Spielelement »Partner« erfahren und trainiert werden soll, ist den
improvisierenden Studenten zu empfehlen, ihre Aufmerksamkeit

darauf zu konzentrieren. Daher sollten sie beim »Wer?« weiterhin mit »Ich« antworten. Wobei sich dieses »Ich« in einer fremden Situation befindet, wahrscheinlich mit einem »Was?«, das ihnen ebenfalls fremd, zumindest nicht geläufig ist.

Eine widersprüchliche Konstellation! Der Spieler hat nicht in erster Linie eine fremde Person im Auge (»Ich bin der und der Arzt«), sondern dass er als Arzt so und so handelt. Es ist also zunächst weniger die fremde Figur als solche, als vielmehr deren Handeln, das über Vorstellungskraft und Phantasie in die Improvisation eingebracht wird. Der Spieler agiert unter Umständen, die für ihn ungewöhnlich sind, in einer Situation, in der er vielleicht noch nie gehandelt hat. Nun aber muss er als »Ich« mimetisch handeln, nämlich nachahmend und darstellend improvisieren, wie man in der konkreten Situation als »Ich« handeln könnte.

Die Tendenz, nicht sich selbst, sondern einen anderen Menschen zu spielen, nimmt nach und nach zu.

Ein Student, der einen Spieleinfall hat, geht also auf die Bühne und baut, soweit das möglich ist, die Situation auf, die er für seinen Einfall braucht. Wenn er fertig ist, gibt er dem Pädagogen Bescheid und nimmt seine Ausgangsposition ein, um sich zu konzentrieren. Auf den Zuruf »Vorhang – Licht!« beginnt er seine Improvisation, mit der er einen Vorgang anspielt und in der er mit seinem »Was?« versucht, eine bestimmte Person zu zeigen. Je nach seiner Spiellust können daraus mehrere Vorgänge, also eine kurze Begebenheit entstehen. Sobald der Student meint, genug gezeigt zu haben, bricht er ab, um einem seiner Kommilitonen Gelegenheit zu geben, als Gegenfigur ins Spiel einzusteigen.

B.4c Gegenfigur erfinden

Aus der Studiengruppe geht nun ein Student auf die Bühne, der erkannt zu haben glaubt, worum es in der Improvisation ging, und der dazu einen Einfall für eine Gegenfigur hat.

Angenommen, eine Studentin hat ganz offenkundig eine Ärztin in ihrem Behandlungszimmer gespielt. Ein Student, der eine Spielidee dazu hat, tritt in die Situation. Um ihm das Mitspielen zu ermöglichen, wiederholt die Studentin ihre Improvisation. Der

Student schleppt sich als ein Schwerkranker vor die Tür der Ärztin, klopft schwach. Sie reagiert nicht. Er klopft erneut, jetzt kommt sie zu öffnen. In dem Moment, da sie öffnet, bricht er vor der Tür ohnmächtig zusammen. Sie ist vollkommen überrumpelt, fällt fast aus der Rolle, spielt großes Entsetzen, schleift ihn schließlich beherzt in ihr Zimmer und versucht, ihn wiederzubeleben.

Das Angebot einer Gegenfigur war in diesem Falle zwar drastisch, aber für die Fortsetzung des Spiels nicht sehr ergiebig. Der Student kam nicht auf die Idee, wieder aus der Ohnmacht zu erwachen, um weitere Aktionen zu ermöglichen. Er überließ seine Partnerin ihrem Schicksal und kostete es aus, von ihr gepflegt zu werden. Als die Phantasie der Studentin ganz offenbar erschöpft war, unterbrach der Pädagoge. Es zeigt sich von Fall zu Fall, dass die Spielphantasie für eine Improvisation nicht unbegrenzt ist.

Haben andere Studenten Einfälle zu dem von der Studentin gemachten Figuren-Angebot (Ärztin), sollte ihnen ebenfalls Gelegenheit gegeben werden, ihre Gegenfiguren vorzuführen. Dieses Vorgehen ist für die Studentin wertvoll, da sie ihre Figur nacheinander in unterschiedlichen Konflikten stabilisieren muss. So entwickelt sich die Fähigkeit, das Verhalten einer Figur in Auseinandersetzungen zu entdecken und auszuprägen, dabei zugleich einmal gefundene Merkmale trotz unterschiedlicher Konflikte mit Gegenfiguren zu behaupten.

Der Begriff »Gegenfigur« fungiert als Arbeitsbegriff und meint nicht, dass gleichsam stets etwas »gegen« das Angebot gesetzt werden muss. Obgleich der Konflikt, die Gegenüberstellung, die Auseinandersetzung durchaus besonders produktiv sind. Allerdings als dramatischer Widerspruch, nicht als Jux. Es macht beispielsweise wenig Sinn, die durch einen Studenten mit einer Figur angebotene Situation durch die hinzukommende Gegenfigur zu liquidieren. Das heißt, wenn beispielsweise deutlich eine Ärztin in ihrem Behandlungszimmer angeboten wird, sollte die Gegenfigur nicht unterstellen, dass eine Rechtsanwältin ihren Aufgaben nachgeht. Derartige »Spontaneität« bzw. abruptes Sich-Einstellen auf ein Kippen der Situation wird später im Beruf nie gebraucht, denn der Stücktext legt fest, wer was tut. Also muss derlei nicht trainiert werden.

Benötigt wird und also geübt sollte werden die Handlungsfreudigkeit in der Situation, und zwar nicht im Sinne von Schnelligkeit mit dem Wort, sondern von gestisch-mimischer Agilität. Der Student muss lernen, als Figur eine in die Situation kommende Gegenfigur wahrzunehmen, zu bewerten und auf ihre Aktion mit einer Aktion zu reagieren. Wie umgekehrt die hinzukommende Gegenfigur sich auf die bereits agierende Figur einstellen können muss. Wenn sie dabei einen Widerspruch mitbringt (siehe todkranker Patient), bereichert dies das Spiel, bei dem nun ohne Worte nicht mehr auszukommen ist.

B.4d Eigener Text

Die Ausbildung erreicht hier eine Phase, die an den historischen Mimus erinnert, an eine Zeit, als der Mime Spieler und Autor zugleich war. Zwar gibt es im Theater keinerlei Entwicklung zurück zu einer Aufführungspraxis, in welcher der Schauspieler spontan Handlung und Text erfindet. Und insofern scheint es wenig sinnvoll, eben dies nun zu trainieren. Aber für eine in sich stimmige Ausbildung führt kein Weg daran vorbei, dass der angehende Schauspieler in seiner Entwicklung diese phylogenetisch frühe Phase des Berufsstandes gleichsam nachholen muss.

Sobald in einer Improvisation eine Gegenfigur die Szene betritt, entsteht das Bedürfnis und auch die Notwendigkeit, mit ihr zu sprechen. In der Improvisation ist das Problem des Studenten als Texter, welche Gedanken ausgesprochen, also welche Worte gewählt, welche Sätze formuliert werden. Die eigentliche schauspielerische Schwierigkeit aber ist, welcher Impuls das Wort auslöst. Denn dieser Prozess muss auch später funktionieren, wenn der Text vom Autor stammt und aus dem Gedächtnis organisch ins Spiel eingebracht wird.

Wie kommt der Schauspieler zu seinen Text-Impulsen? Entsteht das Wort aus einem Kalkül und nicht aus der geistigen Auseinandersetzung mit der Gegenfigur, leitet es meist den Übergang des konkreten Handelns in ein Rededuell ein. Natürlich gibt es auch das auf dem Theater, es ist aber dort in der Regel nur dann wirklich glänzend, wenn trotz des in diesem Falle vom Autor vorgegebenen verbalen Schlagabtauschs für jedes Wort angemessene gestische Impulse gefunden worden sind.

Im Rahmen der Ausbildung, in der den Studierenden zusätzlich die Verantwortung für den Text aufgebürdet ist, sollte sehr sparsam damit umgegangen werden. Nicht, indem ausschließlich wortkarge Personen gespielt werden, sondern indem immer erwogen wird, wann im Handlungsverfahren »Beobachten – Bewerten – Reagieren« mit einem Wort, mit einem Satz reagiert, also gestisch und verbal zugleich geantwortet werden sollte.

Die Beziehung zur Gegenfigur wird also primär nicht über das Wort, als verbale Beziehung, sondern in erster Linie gestisch aufgenommen. Im Grunde kann da ein genauer Blick schon genügen, eben die präzise Beobachtung des Partners, das Wahrnehmen seiner Aktion, von der man den Impuls für das eigene Handeln bezieht. Dieser Eindruck von der Partner-Figur bleibt freilich stumpf, wenn nur einfach geschaut und nicht auch das Geschaute verinnerlicht wird in Form eines Prozesses der gedanklichen Auseinandersetzung mit dem Geschauten. Es ist dies die Schöpfung des Untertextes, der nun die Gegenfigur zur wesentlichen Quelle hat. Und aus diesem Untertext, der permanent unausgesprochen als Wertung und Einschätzung der Situation abläuft, bricht im entscheidenden Moment als »Obertext«, also hörbar, das Wort bzw. der Satz hervor. In der jetzigen Ausbildungsphase der eigene Text, später der des Autors.

Thematischer Vorschlag für eine Improvisation: A sitzt in einer Kneipe beim Bier und will seine Ruhe haben. Er möchte Kummer wegen seiner Frau hinunterspülen, die ihn verlassen hat. Der mittellose B kommt dazu, übersieht die ablehnende Haltung von A und versucht, A dazu zu bewegen, ihm ein Bier zu spendieren.

Der den A spielende Student sollte gebeten werden, nicht zu brüsk ablehnend zu reagieren, um nicht sofort jede Chance für B abzublocken. Andererseits sollte B versuchen, geschickt vorzugehen. Die Improvisation kann – wenn sie gelingt – zur Anschauung bringen, wie aus dem Entstehen der Beziehungen der Impuls zum Wort kommt.

Entscheidend für das Wort ist das gestisch konkrete Spiel. Vom Vorgang losgelöstes, ihn verschwommen machendes Gestikulieren, selbst wenn es noch so temperamentvoll oder versiert betrieben wird, ist letztlich nichts anderes als leere Spielastik. Und aus fahriger, allgemeiner Gestikulation kann nichts anderes als Geschwätz entstehen. Allein aus der genauen Geste, erwachsend aus plastischen Handlungsgedanken, entspringt die situativ genaue verbale Äußerung, der organische Denk-Sprech-Prozess.

Es ist erstaunlich, welch schauspielerischer Reichtum schon in diesen ersten Partner-Improvisationen aufblühen kann, wenn sich die Figuren Zug um Zug abtasten, wenn sie gestisch erkunden, was vom anderen zu halten ist, und erst dann das Wort gebrauchen. Der aus solchem Spiel entstehende Dialog ist nie intellektueller Kommentar der Szene, sondern lebendige verbale Äußerung.

B.4e   Mit dem Partner Vorgänge erfinden

Sobald die erste Scheu überwunden ist, sich als Texter auf der Bühne zu produzieren, wird die Aufmerksamkeit wieder darauf gelenkt, dass der Schauspieler nicht primär für die Texte zuständig ist, sondern für die Vorgänge in bestimmten Situationen. Nun nicht mehr allein, sondern zusammen mit seinem Partner; Figur und Gegenfigur erfinden den Vorgang gemeinsam, und diese Gemeinsamkeit wird nun bewusst trainiert.

Ein allgemein übliches methodisches Vorgehen ist, dass zwei Studenten sich »in Heimarbeit« eine Geschichte, also eine Etüde ausdenken, die sie ihren Kommilitonen am nächsten Tag dann vorführen. Möglichst genau verabreden sie, was sie im Einzelnen machen wollen, vor allem wann der eine dies, der andere jenes spielt. Das Ergebnis dieser Verabredungen ist, dass sie auf der Bühne beide primär an die nächste vereinbarte Handlung denken und dabei nicht mehr offen sind für die Situation, also für das, was der Partner nun wirklich macht.

Hier wird daher ein anderes Herangehen vorgeschlagen, fußend auf der bisherigen Arbeitsweise. Die Studenten haben bereits Figuren-Angebote gemacht und ihre Erfahrungen dabei gesammelt. Dieses Verfahren wird nun wieder genutzt: Eine Studentin oder ein Student gibt ein Figuren-Angebot vor, welches die Phantasie der zuschauenden Studenten mobilisiert, als Gegenfigur in die offerierte Handlung einzusteigen. Das heißt, es gibt zunächst keine Verabredungen. Studenten, die einen Einfall haben, sollten jetzt aber einen deutlichen Konflikt mit auf die Bühne bringen, also einen Drehpunkt, an dem eine Entscheidung fallen muss.

Ein Kunde beispielsweise, der seinen Schneider aufsucht, sollte nicht einfach nur ein neues Jackett ausprobieren, sondern mit der Arbeit des Schneiders in dieser oder jener Hinsicht nicht zufrieden sein und Änderung verlangen. Ein Bankbeamter kann mit einem Kunden konfrontiert werden, der eine Pistole zieht. Ein Kunde in einem Geschäft kann mit dem Preis einer Ware nicht zufrieden sein. Eine junge Frau, die ihren Liebsten erwartet, kann unerwartet von ihrem alten Vater besucht werden, der Geld zurück haben möchte, das er ihr geliehen hatte.

Die in den einzelnen Improvisationen entstehenden Vorgänge werden wie üblich von der Studiengruppe beobachtet und beschrieben. Wenn eine wahrscheinliche und in sich schlüssige kleine Begebenheit entstanden ist, werden die Studenten gebeten, ihre Improvisation zu wiederholen, möglicherweise bereichert durch diesen oder jenen dienlichen Hinweis für Figuren und Handlung. Es wird also angestrebt zu fixieren, was vom ersten Entwurf bewahrenswert war. Damit kommt in Ansätzen die so genannte Partitur ins Spiel.

Sobald die Studenten das gemeinsame Erfinden von Vorgängen auf der Bühne ausprobiert haben, kann dazu übergegangen werden, kurze Begebenheiten in gemeinsamer »Heimarbeit« vorzubereiten. Es bleibt ihnen dabei freigestellt, was sie verabreden und was sie der spontanen Improvisation überlassen. Das »Wer?« der hinzukommenden Gegenfigur beispielsweise, das bislang ein Moment der Überraschung war, weil es der Spieler, der die Situation vorgegeben hatte, aus der Beobachtung der hinzukommenden Gegenfigur schlussfolgern musste, wird nun bekannt sein. Und der Spieler wird lernen müssen, sofern die Gegenfigur in der gemeinsam zu spielenden Szene unbekannt sein soll, naiv zu spielen, so als sähe er sie zum ersten Male.

Es ist letztlich das Problem der Studenten, wenn sie zu viele Details vorher verabreden, also zu viele Anspielpunkte außerhalb der Szene festlegen. Der kundige Pädagoge wird es spüren, die Kommilitonen wahrscheinlich nicht. Methodisch zu empfehlen bleibt die bislang praktizierte Arbeitsweise. Gemeinsam werden das »Wer? und das »Was?« bestimmt, die Situation aufgebaut sowie der Drehpunkt verabredet, der angespielt werden muss, weil dort die Entscheidung fallen soll. Wird so vorgegangen, entsteht die Handlung nicht »am Tische ausgedacht«, sondern organisch in der Improvisa-

tion auf der Bühne. Spielpunkte, die sich im Handlungsverlauf entwickeln und die die Studiengruppe für geeignet hält, können fixiert
und bei der Wiederholung erneut angespielt werden.

C. Zwischenbemerkungen

C.1 Hinweise für Studenten

Spätestens an dieser Stelle ist auf eine Problematik einzugehen, die möglicherweise dem einen oder anderen Adepten der Schauspielkunst Kummer macht. Ihm fällt auf, dass in seiner Ausbildung nicht stattfindet, was er hier gelesen und für sinnvoll befunden hat. Wie soll er sich verhalten?

Natürlich sollte er, so seine Arbeitsbeziehung zu seinem Pädagogen locker und offen ist, auch offen über diese Problematik sprechen. Der Dozent hat im besten Falle gute Argumente für seine Vorgehensweise. Im schlechtesten Falle scheut er Begründungen und weicht einem offenen Gespräch aus, meist dann, wenn er seiner Sache nicht ganz sicher ist und sich nicht gern festlegen möchte.

Natürlich muss nicht jeder Schauspiellehrer theoretisch versiert sein, schließlich ist Theorie nicht sein Fach. Vielmehr wird er sich auf seine jahrelange Praxis berufen und darauf, dass seine Lehrmethode immer funktioniert hat. Ob er aus seiner Praxis allerdings »die besten Funken« schlägt, mag offen bleiben.

Und dennoch, hat man sich erst einmal für einen Lehrer entschieden, muss man ihn nicht gleich wechseln. Hier zeigt sich im Grunde schon in der Ausbildung ein Problem, das dem Schauspieler in der späteren Berufspraxis immer wieder einmal begegnen wird: Er wird mit Regisseuren zu tun haben, deren Arbeitsmethode ihm ganz und gar gegen den Strich geht und ihn zwingt, die eigene Praxis in Frage zu stellen und dennoch durchzuhalten, um den Job nicht zu verlieren.

Das heißt, der angehende Schauspieler muss sehr früh lernen, die eigene Arbeitsweise zu stabilisieren, ohne sich zu verfestigen, offen zu bleiben für jede neue Anregung, ohne ihr kritiklos zu verfallen. Natürlich ist das mit einiger Berufserfahrung leichter zu meistern denn als Anfänger, wenn man sich seiner Sache noch nicht sicher sein kann.

Zumal die Studentin oder der Student zunächst einmal glücklich ist, überhaupt an einer Schauspielschule angenommen worden zu sein. Das heißt, in der Regel hat der angehende Schauspieler kaum eine andere Wahl, als im Unterricht den Maßgaben des jeweiligen Pädagogen zu folgen und in Heimarbeit das Eingeübte kritisch mit dem zu vergleichen, was hier empfohlen wird.

Beispielsweise kann es in der ersten Ausbildungsphase üblich sein, dass im Grunde nur Etüden gespielt werden, dass also die Studenten in Heimarbeit absprechen, was sie am nächsten Tag wie bieten wollen. Nach dem Motto: »Wenn du so machst, mach ich so …« Dadurch wird eine Arbeitsweise trainiert, die an Theatern weit verbreitet ist, oft aus Zeitnot geboren und mehr oder weniger funktionierend. Mit gesundem Spieltrieb und guter Beobachtungsgabe lässt sich allerhand herstellen. Zugleich besteht jedoch die Gefahr, an den eigentlich ästhetisch reizvollen Drehpunkten vorbei zu spielen. Sobald man diese Tendenz spürt, ist es unter Umständen sinnvoll, sich aus dem Kreis der Studienkollegen Partner zu suchen, die neugierig darauf sind, es auch einmal anders zu probieren.

Eines Tages kann dem Studenten bewusst werden, dass der Pädagoge am liebsten direkt auf Ergebnisse hin arbeitet, also auf Fixation. Er legt keinen Wert darauf, dass die Studenten improvisieren, ausprobieren, Entwürfe machen. Und er hinterfragt auch nicht, wie das Ergebnis entsteht. Dem Studenten bleibt dann meist keine andere Möglichkeit, als etwas zu »machen«, das heißt rein äußerlich aufzudrehen, ohne dass die nötigen inneren Einstellungen reifen. Er kann die Umstände der jeweiligen Situationen nicht spielerisch erkunden, sondern verlässt sich notgedrungen auf die Maßgaben des Pädagogen, der in diesem Falle sehr früh als Regisseur auftritt. Meist ist der Pädagoge bei solcher Arbeitsweise schon mit der intensiven Selbstdarstellung des Studenten zufrieden.

Wenn die Dozenten regelmäßig wechseln, besteht die Hoffnung, dass der nächste einen anderen Weg einschlägt. Besteht jedoch keine Aussicht auf Wechsel, bleiben nur zwei Möglichkeiten: Entweder man schickt sich drein oder man sucht sich eine andere Schule. Ein anderer Weg, als aus dem Gegebenen das Bestmögliche zu machen, bleibt eigentlich nicht.

Dazu gehört es, bei aufkommenden methodischen Unsicherheiten zu versuchen herauszubekommen, worin genau sie bestehen. Meist kann man mit Umsicht und Geduld selbst gewisse Abhilfe schaffen. Auch hier gilt in ein wenig abgewandelter Form die alte lateinische Weisheit, dass man nicht für den Pädagogen lernt, sondern für den Beruf.

Wenn die Fülle der Dinge, die da auf der Bühne zu berücksichtigen und zu bedenken sind, den Studenten schier zu erdrücken droht, so prüfe er in aller Ruhe, wo es denn eigentlich bei ihm klemmt. Denn jeder hat andere »Produktionsprobleme« im Bemühen, die mannigfaltigen, völlig neuen Spielerfahrungen und die zahlreichen Hinweise für sich produktiv umzusetzen.

Beispielsweise kann es sein, dass man über das »Was?« des Fragebündels aus welchen Gründen auch immer einfach keinen Zugang findet zu einer Figur. Also probiere man aus, ob das nicht möglicherweise besser über das »Wo?« gelingt, in das man seine Figur stellt.

Hat man Schwierigkeiten, auf den Partner zu reagieren, die Impulse von ihm abzunehmen – vielleicht weil im Unterricht zu hastig über diesen Prozess hinweggegangen wird –, trainiere man in Heimarbeit mit seinem Partner, bis man besser zu Rande kommt.

C.2 Anmerkungen für Pädagogen

Ein Handbuch wie das vorliegende kann die Fülle der Probleme, die einem Pädagogen in der Ausbildung von Schauspielern begegnen, nicht im Entferntesten erfassen. Jeder Student ist ein besonderer, ganz einmaliger Mensch. Relativ »pflegeleicht« sind die seltenen großen und die guten Talente, Aufmerksamkeit aber erfordern alle. Es gehört viel Erfahrung dazu – und Theorie kann da kaum helfen –, das Besondere jeder einzelnen Begabung zu orten und sensibel und produktiv auf sie einzugehen.

Drei Anmerkungen seien erlaubt.

Zum Ersten zur Systematik: Ich habe mich bemüht, eine Grundstruktur vorzugeben, die im Allgemeinen Erfolg verspricht. Im Besonderen aber kann es sein, dass es für diesen oder jenen Studenten wichtig ist, eine bestimmte Übung gründlicher zu absolvieren als andere. Wer welche Improvisation wie oft spielt, liegt in der Entscheidung des Pädagogen. Er muss allzu Spielfreudige behutsam an die Hand nehmen, Zögernden helfen, ihre Scheu zu überwinden. Eintönigkeit droht, wenn pedantisch darauf gedrungen wird, dass jeder Student jede Übung mindestens einmal absolviert haben muss. Das ist nicht nötig, eine gewisse Reihenfolge jedoch ist im Sinne der stetigen Weiterentwicklung aller Studenten anzustreben. Dabei wird es immer Spitzenkräfte und Schlusslichter geben.

Zum Zweiten zum Verlauf der Seminare: Natürlich ist es vor allem anfangs notwendig, Erläuterungen zu geben. Aber für die Atmosphäre in den Seminaren ist es tödlich, wenn das Spiel der Studenten immer wieder durch lange, gar theoretisierende Erörterungen unterbrochen wird. Die Studenten wollen spielen, spielen und nochmals spielen. Und ihr Spieltrieb sollte immer munter und bei Laune gehalten werden. Daher sind erforderliche Hinweise kurz zu halten. Prinzipiell sollte dabei vom soeben abgelieferten Spiel ausgegangen werden, von dem, was auf der Bühne zu sehen war.

Zum Dritten zum Zeitfonds: Bewährt hat sich, ein Semester für das Improvisations-Seminar (einschließlich Vorübungen) anzusetzen. Jeweils fünf bis sechs Stunden drei Mal wöchentlich. Die knapp bemessene Zeit zwingt zur Konzentration und dazu, sich bei den – zwar notwendigen – Vorstufen nicht zu lange aufzuhalten.

Ratsam scheint mir, die Zwischenphase, in welcher der Student eigene Texte produzieren muss, so kurz wie möglich zu halten. Dafür sollte lieber etwas mehr Zeit anberaumt werden für den Übergang zum Autorentext, also für die Phase der Ausbildung, die nun bevorsteht.

C.3 Vorschläge für Profis

Schon geraume Zeit an einem Theater tätige Schauspieler haben Fuß gefasst im Beruf und wenig Neigung, sich im Nachhinein mit Maßgaben zu beschäftigen. Wer dennoch zu diesem Handbuch gegriffen hat, weiß selbst am besten, was ihn weiterbringen und was er getrost überlesen kann. Wer neugierig geblieben ist, findet hier einige Anregungen. Zum Beispiel die, dass es Sinn macht, die eigene, durch öffentliche Anerkennung bestätigte Arbeitsweise einmal daraufhin zu befragen, ob man denn nun eher ein Selbst- oder ein Fremddarsteller ist. Wer als Selbstdarsteller bislang gut über die Runden gekommen ist, hat gewiss keine Veranlassung zu sondieren, wie er sein Profil im Interesse größerer Wirkung etwas verändern könnte. Aber er muss sich natürlich im Klaren darüber sein, dass Selbstdarstellung letztlich die eigenen Mittel begrenzt, möglicherweise sogar eine unnötige Einengung der Möglichkeiten bedeutet. Schauspieler, die sich angesprochen fühlen, sollten sich die Mühe machen, die hier präsentierte Arbeitsmethode kennen zu lernen. Es kann unter Umständen sehr reizvoll sein, im Stillen, für sich selbst und ohne, dass man seine Absichten den Kollegen ausposaunt, an sich zu arbeiten und auf den Proben auszuprobieren, ob kräftigere Fremddarstellungen gelingen als bislang angestrebt.

Bei der Gelegenheit kann man dem Wechselspiel zwischen Improvisation und Fixation nachspüren und überprüfen, ob und wie es eigentlich bei einem selbst funktioniert. Ist man geneigt, Merkmale der Figur, die man spielen soll, möglichst zu Hause am Tisch auszudenken und auf den Proben als gewissermaßen »fertige« nur äußerlich zu etablieren? Oder sucht man auf der Probe nach den Handlungsimpulsen, nach dem »Was?« der Situation, um Einstellungen und Haltungen einer Figur organisch im Spiel entstehen zu lassen?

Ein wichtiges Mittel, um sich einschleichende Oberflächlichkeit immer wieder bewusst zu bekämpfen, besteht darin, auf der Bühne grundsätzlich – zunächst auf den Proben und sodann in jeder Vorstellung – konkreten Umgang mit Partner und Requisit zu pflegen. Selbstverständlich nicht, um Meister in leerer Spielerei zu werden, sondern um über den sinnlich genauen, empfindsamen Umgang mit dem Partner und dem Gegenstand das eigene Spiel zu differenzieren und zu bereichern.

Solche Arbeitsweise wirkt stabilisierend, insbesondere wenn man unter Regisseuren arbeiten muss, denen nicht das Werk des Dichters am Herzen liegt, sondern ihr eigenes Ego. Die Kategorien Selbst- oder Fremddarstellung sind ja auch in der Regie zu beobachten. Nicht wenige Regisseure des zeitgenössischen deutschen Theaters nutzen Stücke und deren Aufführung zum Zwecke der Selbstdarstellung, statt zur Auseinandersetzung mit der poetischen Idee des Dichters. Ihr Drang zur Selbstdarstellung stört zwangsläufig die

Schöpferkraft des Schauspielers, sie brauchen ihn nur noch als Figurant für ihre Einfälle. Das aber kann den Schauspieler verschleißen, wenn er nicht die nötigen Abwehrkräfte für sich zu mobilisieren vermag.

C.4   Rat für Amateure

Selbstverständlich können sich auch Amateure in diesem Buch Rat holen. Wer Laienspiel als ein Hobby pflegen möchte und vielleicht schon eine relativ stabile Gruppe gefunden hat, für den macht es durchaus Sinn, sich mit der hier vorgestellten Methode zu befassen. Das Problem wird sein, wie er über das Lesen hinausgelangen kann. Zwei Möglichkeiten bieten sich an: Regelmäßiges Üben in der Gruppe oder der Alleingang, also der Versuch, in eigener Aktivität die eine oder andere Anregung für sich fruchtbar zu machen.

Die günstigste Variante ist, wenn die gesamte Gruppe für ein Schauspieltraining gewonnen werden kann. Das setzt nicht unbedingt voraus, dass der Leiter, der ein Stück einstudiert, auch die Übungsgruppe übernehmen muss. Sein Einverständnis ist wichtig und er sollte auf gar keinen Fall übergangen werden. Aber das Übungsprogramm kann auch ein engagiertes Mitglied anleiten. Es kommt hier nicht darauf an, unter Zeitdruck bestimmte schauspielerische Fortschritte zu machen. Im zwanglosen gemeinsamen Spiel soll intensiver und genauer erfahren werden, was das Schauspielen ausmacht. Und es ist wunderbar und wertvoll, wenn dabei Grundkenntnisse angeeignet und Grundfähigkeiten geübt werden. Schließlich bringt jede Spielerin und jeder Spieler eigene Vorstellungen und Erfahrungen zur Gruppe mit, und gemeinsames Training kann Auffassungen einander näher bringen sowie Fertigkeiten entwickeln und stabilisieren.

Es sollte also überlegt werden, ob neben oder auch vor den Proben für ein Stück, das zu einem bestimmten Termin Premiere haben soll, kurze Übungsrunden stattfinden können, während derer aus dem Sortiment der Vorübungen die eine oder andere ausprobiert wird. (In der Abfolge sollte ein wenig auf die Reihenfolge geachtet werden, die hier empfohlen wird.) Sehr schnell wird sich herausstellen, dass diese Vorübungen auch für Amateure ihren Wert haben.

Sie helfen, sich für die eigentlichen Proben zu lockern und für das Schauspielen disponibler zu machen. Abzuraten ist allerdings davon, nur so zu tun, als ob man die Vorübungen probiert. Das führt nur zu Enttäuschungen. Wenn geübt wird, dann muss seriös, echt trainiert werden, ohne zu schludern. Nicht weil der Amateur plötzlich Profi werden will, sondern weil das Üben nur Sinn macht, wenn es bei aller notwendigen und zu bewahrenden Spielfreude ernst genommen wird. Geschieht dies, wird man Lust bekommen, auch Improvisationen auszuprobieren. Dazu kann und sollte man sich Zeit lassen. Erfreulich ist es, wenn eines Tages das Bedürfnis entsteht, die Vorgänge eines Stückes mit Improvisationen zu entwerfen.

Anders freilich ist die Lage, wenn der ambitionierte Laie allein bleibt, wenn also die Amateurgruppe nicht für besondere Übungsrunden zu gewinnen ist. In solch einem Fall kann man versuchen, während der Proben die eine oder andere Erkenntnis anzuwenden, die man aus dem Lesen dieses Handbuchs gewonnen hat. Das wird schwierig, wenn der Leiter der Gruppe unbedingt auf Ergebnisse drängt, also die Dinge nicht ausspielen lässt.

Aber die Möglichkeit bleibt immer, sich in Heimarbeit relative Klarheit über die »Ws« zu verschaffen, vor allem über das »Was?«. Auch sollte man überlegen, welches Requisit einem beim Spielen möglicherweise helfen könnte, das »Was?«, das man für beredt hält, auf der Bühne herzustellen. Natürlich wird eine derartige Selbständigkeit einem sensiblen Leiter auffallen. Woraus möglicherweise die Gelegenheit erwächst, in der Gruppe über methodische Fragen des Schauspielens zu sprechen – und schließlich doch gemeinsame Übungsrunden zu arrangieren.

D. Fremddarstellung

D.1 Kopieren und Nachmachen

Selbst- und Fremddarstellung markieren gewissermaßen zwei Pole einer runden Sache. Grenzen und Übergänge sind fließend und bei jedem Schauspieler anders konfiguriert. Die Öffentlichkeit pflegt Schauspieler daher in der Regel auch nicht in diese oder jene Richtung einzuordnen.

Für das Theater allerdings und insbesondere für die Ausbildung des Nachwuchses interessiert die Fremddarstellung, nämlich das Verwandeln des Schauspielers in eine ihm fremde Figur. Der Spieler zieht die Figur nicht bloß zu sich heran, versieht sie nicht nur mit den Ingredienzien seiner eigenen Person (so faszinierend diese sein mag!), sondern sucht eine ihm fremde Figur in sich und an sich zu entdecken und im Spiel materiell sichtbar zu machen. Natürlich kann er letztlich nur eigene Mittel benutzen, denn er kann aus seinem Körper nicht flüchten. Aber er kann sehr wohl aus vielen Beobachtungen menschlichen Verhaltens Daten zusammentragen und für eine ihm fremde und völlig neue Figur verwenden. Zuweilen mutet das wie ein Puzzle an.

Hier sei erinnert an den berühmten stummen Schrei der Helene Weigel als Mutter Courage in Brechts Inszenierung am Berliner Ensemble. Die Schauspielerin hatte den Schrei auf einem Foto gesehen, wo er zwangsläufig stumm sein musste. Und sie wurde angeregt, dieses markante Verhalten, den Schrei einer verzweifelten Mutter, zu kopieren und für ihre Darstellung der Courage in einer bestimmten Situation zu benutzen. Es bedarf natürlich schauspielerischer Erfahrung und Fertigkeit, damit eine solche Montage einer mimischen Äußerung im Spiel nicht aufgesetzt wirkt, sondern sich organisch in das Verhalten der Figur fügt.

Zunächst aber gilt es auszuprobieren, wie die Verwandlung in

einen anderen, dem Akteur eigentlich fremden Menschen vor sich
gehen könnte. Aus der Fülle der Beobachtungs-Daten ist eine Auswahl vorzunehmen, die man für die zu kreierende Figur für charakteristisch und zutreffend hält.

Der Neigung, die beobachteten Merkmale nur äußerlich zu demonstrieren, wird begegnet, indem das bisher praktizierte Herangehen grundsätzlich beibehalten wird. Über die Fragen nach den
Umständen, in Sonderheit über das »Was?«, wird die Figur in den
gegebenen Situationen handelnd entworfen. Haltungen werden
nicht äußerlich montiert, sondern entstehen im dialektischen
Wechsel mit den Einstellungen. Allerdings werden sie stimuliert
und programmiert durch das »Wer?«, nun das Vorstellungsbild von
dem Menschen, den der Spieler auf der Bühne kreieren will.

Bald wird klar, dass der Student überfordert ist, wenn er für die
fremde Figur auch noch die Texte erfinden soll. Das mag für wenige
Vorgänge gelingen, vielleicht für eine kurze Begebenheit, aber nicht
für eine Szene, gar für ein Stück, das ohnehin nicht in einem spontanen Schöpfungsakt auf die Bretter gebannt werden kann. Das
heißt, die Verwandlung hin zu einer fremden Figur benötigt alsbald
Daten, die von einem Autor kommen.

D.2   Verwandlung in einen anderen Menschen

In den nun zu spielenden Improvisationen geht es um das mimetische Herstellen wesentlicher gestischer und mimischer Züge eines
dem Spieler fremden Menschen. Bislang war das »Wer?« mit dem
»Ich« identisch, obgleich bereits im spontanen Spiel zuletzt immer
deutlicher Ansätze einer Figur sichtbar wurden. Jetzt aber wird bewusst an einer Figur gearbeitet; auf die Frage »Wer?« lautet die Antwort nicht mehr »Ich«, sondern zum Beispiel »ein Schaffner«, »ein
Kellner« usw. Wobei kein beliebiger Schaffner gemeint ist, kein
Schaffner als Typ, sondern stets eine ganz bestimmte einmalige Figur in einer konkreten Situation.

Der Student muss nun versuchen, auf der Bühne als die Figur zu
denken und zu handeln, die er entwerfen möchte. Seine Vorstellung
von der Figur wächst in dem Maße, in dem es ihm gelingt, in seiner
Improvisation charakteristische Merkmale ins Spiel zu bringen. Das

Aufbauen der Situation und das Erfinden der Vorgänge erfolgt in der bereits erprobten Weise. Aber während die Assoziationskette der Bilder der Situationen weiterhin vom »Ich« des Spielers phantasiert wird, denkt nun das »Ich« des Spielers als »Ich« der Figur in diesen Situationen.

Eine höchst widersprüchliche, anfangs durchaus verwirrende Konstellation. Am besten benutzt der Student wiederum die Requisiten als materielle Hebel für das Einbringen von mimetischem Material, also von Verhaltensweisen anderer Menschen. Die Impulse, die er vom Gegenstand bezieht, versucht er als die Figur zu empfinden und zu werten, die er zu kreieren bestrebt ist. Und dementsprechend handelt er.

Bei dieser Gelegenheit rät der Pädagoge den Studenten zu registrieren, wie sich der Einsatz des Fragebündels »Wer – Was – Warum – Wozu – Wo – Wie – Wann?« sowie die Bildung des Untertextes unter den neuen Anforderungen modifizieren. Diese Werkzeuge sollten nun zur Verfügung stehen, also nicht mehr speziell geübt werden. Jeder Student ist angehalten, die für ihn optimale Gebrauchsweise zu erkunden.

D.2a   Der alte Mann

Auf dem Weg zu fremden Figuren und zum Text des Autors wird nun ein großer Schritt unternommen.

Thematische Vorgabe: Einen alten Mann spielen. Was er tut und warum er es tut, bleibt den Studenten überlassen.

Die Aufgabe, einen alten Menschen zu erfinden, zwingt die Spieler, erstmals wirklich weit von sich weg zu gehen, also Merkmale ausfindig zu machen und Beobachtungen zu erinnern, die nicht zu ihren alltäglichen Lebensgewohnheiten gehören, nicht zu ihren eigenen Verhaltensweisen, sondern in der Tat zu fremden Menschen.

Mit diesem deutlichen Schritt hin zu einer fremden Figur bietet sich die Gelegenheit, alles bisher ausprobierte Rüstzeug anzuwenden und zu spüren, wie es modifiziert wird durch die Tatsache, dass der Student nun auf der Bühne als ein Mensch handeln soll, der er eigentlich gar nicht ist, sondern den er darstellt. Möglicherweise zum ersten Mal wird den Studenten bewusst, dass sie spielen, und dass ihr Spiel darin besteht, als ein anderer Mensch fiktiv zu handeln.

Wenn diese Improvisationsrunde absolviert ist, gilt es, Abschied zu nehmen von der Möglichkeit, auf der Bühne eigene Vorgaben zu realisieren. Dafür rückt nun der Ernst des Berufes näher: den Vorgaben anderer Leute (des Pädagogen, des Autors, des Regisseurs) Leben einzuhauchen.

Thematische Vorgabe: Ein betagter, gebrechlicher alter Herr kommt schweren Schrittes mit Spazierstock zu einer Parkbank, nimmt umständlich Platz, will Zeitung lesen, sucht seine Brille, findet sie nicht, versucht trotzdem zu lesen, kommt nicht zurecht, buchstabiert ohne Brille, lässt es verärgert sein, trollt sich enttäuscht davon.

Variante: Eine betagte, gebrechliche alte Dame kommt ...

Selbstverständlich muss den Studenten die Möglichkeit gegeben werden, über die Vorgabe nachzudenken und sich zu konzentrieren. Sobald ein Student glaubt, seinen Einfall auf der Bühne realisieren zu können, gibt er das kund und beginnt nach »Vorhang – Licht!« des Pädagogen sein Spiel.

Nach ihm spielen möglichst noch weitere Studenten ihre Angebote, die jeweils ausgewertet werden. Dabei wird gestisches und mimisches Material, das als charakteristisch auffiel, benannt und aus den beobachteten Elementen im Gespräch am Tisch das Bild eines alten Herrn entworfen. Es geht dabei wohlgemerkt nicht darum, eine neue Vorgabe zu etablieren, sondern darum, Material zu sammeln, mit dem der oben gemachten Vorgabe bestmöglich entsprochen werden kann. Ausprobiert wird dies sodann mit einer Improvisation. Wer von den Studenten auf die Bühne tritt, kann der Pädagoge entweder dem Zufall überlassen oder bewusst entscheiden. Idealerweise übernimmt das Spiel ein Student, der zur Vorgabe keinen Entwurf angeboten hatte. Die zustande kommende Improvisation wird wiederum ausgewertet. Und mit ein, zwei Wiederholungen durch den Spieler werden weitere Daten eingebracht, die vergessen wurden und wünschenswert sind.

Die Versuchsserie hilft, die Bedeutung des gestischen und mimischen Materials anschaulich zu machen und die Sinne zu schärfen für die Herausforderung, das Material einer Gestalt nicht äußerlich aufzudrängen, sondern die Figur damit wirklich zu kreieren.

D.2b Fremde Figur, aber noch eigener Text

Das kreative Problem besteht darin, nicht nur eine fremde Figur erfinden zu müssen, sondern obendrein den Text, den sie spricht (eigentlich übernimmt dies der Autor). Außerdem wird nach wie vor trainiert, wie Figur und Gegenfigur gemeinsam in Orientierung an einer Vorgabe die Vorgänge erfinden.

Thematische Vorgabe: Situation: Wohnungstür. Ein Vertreter für Staubsauger kommt, klopft. Die Wohnungsinhaberin öffnet. Er versucht, ihr einen Staubsauger zu verkaufen. Sie ist nicht ablehnend, aber der Staubsauger ist ihr zu teuer.

Variante: Situation: Im Wohnzimmer. Ein Vertreter klopft, die Wohnungsinhaberin lässt ihn ein. Er will ihr ein Zeitungsabonnement verkaufen. Sie ist nicht abgeneigt, aber die Zeitung ist ihr zu teuer.

Den Studenten, die sich zum Spiel anbieten, wird Gelegenheit gegeben, sich kurz zu verständigen. Die Verfahrensweise ist bekannt und sollte beibehalten werden: keine ausführlichen Verabredungen im Sinne einer Etüde, sondern kurze Absprachen zum »Wer?« und zum »Was?« sowie zu ein, zwei Drehpunkten.

Sehr bald stellt sich beim Improvisieren heraus, dass die Studenten mit dem Erfinden eigener Texte an Grenzen stoßen. Am glücklichsten schneiden gemeinhin diejenigen ab, denen die Natur verbale Lockerheit und Beredsamkeit in die Wiege gelegt hat. Sie argumentieren und reden ihren Partner an die Wand. Wenn die Improvisationen offenkundig zu Redeschlachten werden, nur noch palavert, nicht mehr gehandelt wird, sollte der Dozent darauf hinweisen, aber nicht bremsen. Die »Einschnürung« durch den fremden Text kommt noch früh genug. Jetzt geht es erst einmal darum, die Spielfreude im Umgang mit relativ fremden Menschen zu mobilisieren.

Variante: Der Vertreter steht kurz vor dem Abschluss eines Vertrages, da kommt der Ehemann der Wohnungsinhaberin hinzu, interessiert sich für die Sache und lehnt ab. Damit ist die Frau nicht einverstanden.

Wie der Konflikt ausgeht, kann zunächst offen gelassen werden. Es hängt also von der Beredsamkeit der Spieler ab, ob gekauft oder nicht gekauft wird. Im Sinne methodischer Konsequenz sollte jedoch auch die Entscheidung zur Vorgabe gemacht werden, zum

Beispiel, dass es dem Vertreter gelingt, auch den Ehemann zu überzeugen. Alle drei Spieler müssen in ihrer Improvisation versuchen, diesen Drehpunkt anzusteuern. Spätestens jetzt wird die Notwendigkeit greifbar, zum Autorentext überzugehen.

D.2c Fremde Figur, fremder Text

Der erste Schritt zu spielerischem Umgang mit fremdem Text beginnt mit einer Phantasieübung, nochmals mit Hamlets (Shakespeares) »Rede an die Schauspieler«.

Thematische Vorgabe: Ein im Beruf müde und alt gewordener Schauspieler hält die Rede an das Auditorium; im Verlaufe des Vortrages entzündet er sich an seinen Gedanken, so dass er am Ende mit glühender Begeisterung zu überzeugen sucht.

Der Entscheidung der Studenten bleibt es überlassen, an welchen Stellen im Text die »Zündungen« stattfinden. Es werden also sehr unterschiedliche Angebote zu erwarten sein, die in Hausarbeit vorbereitet worden sind. Ziel der Übung ist es, die Studenten erleben zu lassen, dass sie jetzt gewissermaßen an der Leine des Textes hängen, der – wie auch immer – verständlich und nachvollziehbar gesprochen werden muss. Und zugleich ist ihnen bewusst zu machen, dass sie große Freiheit in der Textauslegung haben. Die Studenten erfahren also, dass der Text eines Autors zwar sprachlich auf die fixierten Worte und Sätze festlegt, letztlich aber mit diesem Material unterschiedliche Figuren entstehen können.

Der Pädagoge erklärt, dass seine Vorgabe, nämlich ein im Beruf müde und alt gewordener Schauspieler, dem Text gleichsam übergestülpt war.

Denn die Hausaufgabe führte zwar zu fremder Figur und fremdem Text, wurde aber Hamlet und also auch dem Text nicht gerecht. Der Pädagoge fordert auf, die Textzusammenhänge nochmals zu prüfen und dabei insbesondere nach dem »Wer?« zu fragen. Spätestens jetzt wird man feststellen, dass Hamlet kein alter, müder Mime sein kann, sondern es sich um einen belesenen und mit der Schauspielerei vertrauten jungen Mann von Adel handeln muss. Je nachdem, wie intensiv man sich nun mit der zu spielenden Szene sowie mit dem Stück insgesamt beschäftigt, wird man auf Daten stoßen, die das Handeln in einer Improvisation möglicherweise bereichern und differenzieren können, wenn sie angespielt und ausgelotet werden. Vor allem ist auf den Umstand zu verweisen, dass Hamlet nicht primär als Verfechter realistischer Schauspielkunst um präzises Spiel der Schauspieler bemüht ist, sondern weil er den Mörder seines Vaters zu überführen hofft.

Es stellt sich heraus: Das Erspielen der Vorgänge ist kein »Erfinden« mehr, sondern ein »Finden« der Vorgänge im Autorentext. Und zwar möglichst ein Finden der beredten Vorgänge, nämlich des jeweils dominierenden »Was?« im Verlauf der Handlung. Mit willkürlicher Auslegung kann man den Text zwar gegen den Strich bürsten. Begreift man den Text aber als Basis realistischen Handelns auf der Bühne, wird man bemüht sein, die vom Autor vorgegebenen Vorgänge auszukundschaften.

D.3 Mit Autorentext arbeiten

Erste Erfahrungen im Umgang mit Autorentext sind damit also gemacht. Hamlets Rede ist ja auch inhaltlich sehr brauchbar. Bis heute ist Shakespeares Rat gültig und nützlich. Aber natürlich können nicht nur Monologe gearbeitet werden. Doch wie lässt sich der Übergang zu fremden Figuren und deren Text methodisch sinnvoll gestalten, wenn es um Partnerspiel geht?

An manchen Schauspielschulen erfolgt der Schritt zum Autorentext abrupt. Das heißt, sobald sich das Improvisieren fremder Figuren erschöpft, weil die Studenten spontan keine Einakter und angemessene poetische Texte erfinden können, wird das Seminar beendet und mit Szenenstudien begonnen. Das ist auch insofern logisch, als nuanciertes Schauspielen an Autorentext gebunden ist, an die vorgegebenen Situationen und Vorgänge, an die vielen Wechsel in der Einstellung zur Situation, an adäquate Haltungswechsel.

Zuweilen wird in einer Übergangsphase erst einmal das Spielen von Massenszenen organisiert. Beispiel: Auf einem Bahnsteig auf den Zug warten. Alle Studenten der Studiengruppe gehen auf die Bühne, und nach »Vorhang – Licht!« beginnt die Spielerei. Natürlich wird die Phantasie mobilisiert, und auch der Spieltrieb findet

Nahrung. Aber der methodische Gewinn ist gering. Die Studenten haben auf Anhieb so viele Aufmerksamkeiten zu bewältigen, dass sie überfordert und zur Oberflächlichkeit gezwungen sind. In der Regel resultiert daraus ein »Untertauchen« in der Masse und »Ungefähr-Spielen«.

Ein anderer Übergang zum Autorentext ist, mit der gesamten Seminargruppe Szenen eines Stückes zu exerzieren. Besonders abrupt gerät der Wechsel, wenn statt Szenen mit zwei, drei Figuren solche mit mehreren Figuren einstudiert werden, um alle Studenten der Seminargruppe unterzubringen. Die Studenten werden dabei deutlich überfordert. Die Angelegenheit artet zwangsläufig zu einem Regie-Einsatz des Pädagogen aus. Und die Schauspielschüler werden früher zu Fixierungen veranlasst, als das die hier vorgestellte Vorgehensweise empfiehlt.

Ein weiterer Übergang zum Autorentext kann sein, zunächst einmal eine handlungsreiche Novelle zu lesen und die Studenten zu veranlassen, daraus Episoden mit eigenem Text zu improvisieren. Ein gewisser Vorteil dabei ist, dass in diesem literarischen Genre zahlreiche Hinweise auf Menschen und Geschehnisse gegeben werden, auch detailliertere Erklärungen als gemeinhin in dramatischen Texten. Der Student erhält Einblick in das Zusammenhängen von Handeln und Denken einer Gestalt. Der Schritt erscheint auch insofern logisch, als auf die Studenten als Vorgabe nicht sofort sowohl Handlungen als auch Text fremder Figuren zukommen, sondern zunächst nur deren Handeln. Der Text wird von den Studenten improvisiert.

Alle soeben genannten Übergänge zum Autorentext sind jedoch Umwege, auch das Improvisieren von Daten aus einer Novelle. Besonders im letzteren Falle ist der Student verantwortlich für etwas, für das er heute als Schauspieler keine Verantwortung mehr hat, nämlich für die Kreation des Sprechtextes. Für eine kurze Phase der Ausbildung (Partner-Improvisationen, Tendenz zur Figur) mag das angehen, nicht zuletzt, damit der Student begreift und trainiert, dass der Text auf der Bühne nicht wie gelernt, sondern wie soeben gedacht gesprochen werden muss. Aber als Autor braucht ein Schauspieler nicht geschult zu werden. Er sollte daher nie länger als nötig trainieren, was letztlich nicht zu seiner späteren Profession gehört.

Sinnvoll scheint mir und methodisch konsequent, sich als Übergang zum Autorentext zunächst einmal mit nur einer Szene der Weltdramatik zu beschäftigen. Idealerweise wählt man eine, in der Figur und Gegenfigur agieren (es muss nicht unbedingt eine Szene aus Brechts »Leben des Galilei« sein, wie hier vorgeschlagen). Dieser Schritt ist folgerichtig, vor allem weil er teils auf bereits bekanntem Territorium erfolgen kann. Es wird all das schauspielerische Instrumentarium benötigt, das die Studenten bislang kennen gelernt haben, und es wird nahtlos an all die Erfahrungen angeknüpft, die sie bisher machen konnten.

D.3a Auffinden der Vorgänge

Bereits bei der Arbeit an Hamlets »Rede an die Schauspieler« ist klar geworden, dass Stückvorgänge nicht »erfunden«, sondern »aufgefunden« werden müssen. (Dass später in der Praxis auch Stücke zu spielen sein werden, die von den Autoren mehr mit Geschwätz denn mit Aktion versehen wurden, vom Schauspieler also viel Erfindungsgabe verlangen, sei hier nur am Rande erwähnt.) Während das »Auffinden« der Vorgänge eine vorwiegend geistige Tätigkeit ist, ist deren Realisieren auf der Bühne primär eine materielle. Wobei beide Aktivitäten sich im Verlaufe der Improvisationen und deren Wiederholungen durchdringen. Ein kreativer schauspielerischer Prozess, den es zu trainieren gilt.

Die Kenntnis der 1. Szene aus Bertolt Brechts »Leben des Galilei« (Fassung 1955/56) ist Voraussetzung für die weitere Arbeit. Sie zu lesen macht der Pädagoge zur Aufgabe, sobald Partner-Improvisationen gespielt werden. Ein besonderes Augenmerk sollen die Studenten dabei auf Galilei und Frau Sarti richten. Dann kann im Seminar je nach zur Verfügung stehender Zeit zunächst über das Stück gesprochen werden. Da keine Inszenierung beabsichtigt ist, genügt eine kurze Erläuterung und ein Appell an die Studenten, sich selbst mit Brecht und seinem Werk zu beschäftigen. Zur Hand haben aber sollte jeder Student den Text der 1. Szene.

Der Dozent bittet, sich auf den Auftritt von Frau Sarti zu konzentrieren. Gemeinsam wird versucht, die Vorgänge in dieser Szene ausfindig zu machen und anschließend mit den gefundenen Daten ins Spiel zu kommen. Folgt man der bisher praktizierten Arbeitsweise, so ist vor allem nach dem »Wer?«, dem »Was?« und dem »Wo?« zu fragen.

Über das »Wo?« wird bald Einigkeit bestehen. Und die Schauspielschüler werden gebeten, die Studierstube Galileis einzurichten. Vorhanden sein sollten das Bett und ein Bettlaken sowie ein Tisch und ein Stuhl, auf welchem Galilei wahrscheinlich sitzen wird, um zu frühstücken.

Das »Wer?« ist vom Autor klar vorgegeben. Es stellt allerdings insofern ein Problem dar, als sich die Studiengruppe verständigen muss, welche Merkmale sie für die Figuren für angebracht hält. Man wird sich wahrscheinlich darauf einigen, dass Frau Sarti als eine relativ junge, vor allem resolute, selbstbewusste Frau anzulegen ist. Andrea hat jung zu sein, aber nicht kindisch. Und Galilei als schon reiferer Mann sollte Ruhe und Gelassenheit ausstrahlen. Diese Merkmale stellen die Mindestanforderung dar. Dann kommt das »Was?« ins Gespräch. Die sinnlich-praktische Tätigkeit der Figuren ist der zentrale Umstand, mit dessen Hilfe alle übrigen Umstände ins Spiel einfließen können.

Zu fragen ist, an welcher Stelle in der Szene ein dominantes »Was?« beginnt und wo es endet. Hier ist alsbald die Ausgangssituation klar: Frau Sarti betritt das Zimmer, um das Bett zu machen. So jedenfalls hat es Brecht notiert. Sie kommt herein und sieht gerade noch, wie Galilei den Andrea auf dem Stuhl herumträgt. Sie äußert ihr Unverständnis, übergibt Galilei einen Empfehlungsbrief und wendet sich dem Bett zu. Auch das hat Brecht notiert. Als »Was?« steht also zur Debatte: Bett machen, Brief übergeben. Die Analyse der Szene ergibt allerdings auch, dass Frau Sarti zwar das Bett macht, aber zugleich mit Galilei spricht. Worüber? Sie beklagt sich bei ihm! Ihr »Was?« ist offenbar gleichsam gesplittet, für ihr Handeln ein reizvoller Widerspruch. Die Studentin, die die Sarti spielt, wird das zu beachten haben.

Noch ist die Ausgangssituation zu arrangieren. Ein Student nimmt als Galilei auf dem Stuhl Platz. Was tut er? Auch das muss ausfindig gemacht werden. Er ist mit einem Stuhl beschäftigt, auf dem er soeben Andrea herumgetragen hat. Das sieht die Sarti gerade noch, als sie eintritt. Alsdann geht ein Student als Andrea in die Szene. (Wenn kein »Leichtgewicht« zur Verfügung steht, müssen sich die Spieler der Sarti und des Galilei den Andrea vorstellen.)

Nachdem die Ausgangssituation auf diese Weise komplettiert wurde, wird eine Improvisation versucht. Eine Studentin betritt als Frau Sarti die Bühne. Zunächst befindet sie sich hinter der Tür, um sich zu konzentrieren und auf das »Vorhang – Licht!« des Pädagogen zu warten.

Den nun in einem ersten Spiel sich entwickelnden Beziehungen sollte überlassen bleiben, ob und was die Studenten sprechen. Auf jeden Fall zunächst eigenen, spontan entstehenden Text. Es geht im Moment nur darum, den vom Dichter im Textbuch vorgegebenen und von den Studenten durch Analyse ausfindig gemachten Vorgang auf der Bühne zu materialisieren, also sinnlich sichtbar zu machen.

Sobald der Vorgang mit einem ersten Entwurf für die Spieler zum Erlebnis geworden und für die Studienkollegen zur Anschauung gekommen ist, wird weiter daran gearbeitet. Ziel ist es, aus der Vielzahl der möglichen Handlungen die dominanten, die beredten Vorgänge als Basis für den Text herauszukristallisieren.

D.3b Der beredte Vorgang

Angenommen, bei der ersten Improvisation des Vorganges (siehe D.3a) sind die Spieler wider Erwarten stumm geblieben. Galilei saß einfach nur da, blickte vielleicht abwartend zu Andrea, die Frau Sarti legte den Brief ab, machte flott das Bett und ging ab. Eine solche Variante ist denkbar und auch spielbar und durchaus eine Ausgangsbasis für die folgenden Improvisationen. Sie macht sinnfällig, dass ohne die Sprache effektiv keine Annäherung an das Geschehen im Sinne des Autors möglich ist.

Also ist der erste Entwurf zu wiederholen. Der Pädagoge schlägt Frau Sarti vor, beim Bettmachen das Gespräch mit Galilei zu suchen. Je nach dem Spieleifer der Studenten sprechen sie nun Texte, die dem Sinngehalt der Szene nahe kommen. Wenn sie sich allerdings auf »Guten Morgen!« und »Hier ein Brief!« beschränken, kommt die vom Dichter intendierte Auseinandersetzung zwischen Frau Sarti und Galilei nicht in Gang. Es sei denn, die Spielerin der Sarti nähert sich dem Vorgang, »splittet« ihr Handeln, macht zwar das Bett, beklagt sich aber zugleich heftig. Das wiederum kann durchaus dazu führen, dass die Sarti erst einmal vom Bettmachen ablässt und durch Herantreten an Galilei eine Reaktion erzwingt. Damit wäre ein Spieleinfall zum «Was?» gefunden, der brauchbar ist.

Wahrscheinlich steuern die beiden Spieler beherzt sofort den Konflikt an. Die Analyse des Textes hatte erbracht, dass das Handeln der Frau Sarti keineswegs einfach gesplittet ist. Die dominierende Tätigkeit der Frau Sarti ist nicht das Machen des Bettes (obwohl Brecht das für sie notiert), sondern vielmehr die Klage darüber (obwohl Brecht das nicht ausdrücklich notiert), dass Galilei ihrem Sohn unheilige Dinge beibringt. Es kommt also in dieser Szene nicht darauf an, dass der Zuschauer sieht, wie akkurat die Frau Sarti Galileis Bett zu machen pflegt, sondern dass er erlebt, wie sie sich bei ihm beklagt. Eben dies ist das dominierende »Was?«, der beredte Vorgang. Die Übergabe des Briefs ist untergeordnet, kann für das »Klage führen« mit benutzt werden.

Sollte der Konflikt wider Erwarten nicht angespielt werden, bittet der Pädagoge die Darstellerin der Frau Sarti, bei der nächsten Improvisation zwar das Bett zu machen, aber zugleich spielerisch zu erkunden, wie es aussehen könnte, wenn die Sarti Klage bei Galilei führt. Der Einfall, erst einmal vom Bett abzulassen, wird sich gut einfügen. Der Darsteller des Galilei wird anders reagieren, sein Galilei wird sich verteidigen müssen. Weitere Merkmale (Einstellungen/Haltungen) zur Person kommen ins Spiel, sowohl bei der Sarti, als auch bei Galilei, bei letzterem vor allem sein Verweis auf die Entdeckungen.

Was geht an dieser Stelle vor? Galilei schmettert die Klage der Frau Sarti ab! Ein Drehpunkt! Ein neues »Was?« dominiert: Galileis Abschmettern der Klage und sein Verweis auf die Entdeckungen. Daraus ergeben sich sowohl für Galilei als auch für Frau Sarti neue Einstellungen und neue Haltungen.

Es ist nun klar, dass der eigene Text der Studenten nicht mehr genügt, wenn das Geben und Nehmen, das Agieren und Reagieren so konkret entwickelt werden soll, wie es in Brechts Text vorgegeben ist. Eine weitere Modifizierung und Konkretisierung des Handelns ist ohne Autorentext nicht mehr möglich.

D.3c Autorentext und Untertext synchronisieren

Das Herangehen an den Text des Autors besteht primär nicht im Auswendiglernen der Rolle, sondern darin, erst einmal herauszufinden, was sich über den Text an Vorgängen für das sinnlich-praktische Handeln auf der Bühne erschließen lässt (siehe Kapitel D.3b). Die Vorgänge sollten über Improvisationen in Entwürfen zur Verfügung stehen, bevor der fremde Text gelernt wird und aus dem Gedächtnis als Rede und Gegenrede ins Spiel kommt.

Andererseits kann das Schauspielen nicht präzisiert, die Partitur als verwobene Kette von Autorentext (Obertext) und Untertext während des improvisierenden Spiels nicht wirklich brauchbar entwickelt werden, solange der Text nicht aus dem Gedächtnis zur Verfügung steht. Ein elementarer Widerspruch, dem sich jeder Student stellen muss. Wie ist ihm beizukommen?

Empfehlenswert ist, schon in den Improvisationen neben eigenen Texten allmählich auch bestimmte Satzteile und Worte aus dem Originaltext zu benutzen. So findet eine partielle Annäherung an den Originaltext statt, die methodisch sinnvoll ist. In den Wiederholungen der Improvisationen und den anzustrebenden Fixierungen brauchbarer Einfälle wird stetig der originale Text ergänzt und vervollständigt. Es ist mit anderen Worten Ziel, sich über das Handeln auf der Bühne Schritt für Schritt sowohl Autorentext anzueignen als auch Untertext zu entwickeln und anzureichern, bis der Autorentext komplett zur Verfügung steht. Der Vorgang zwischen Frau Sarti, Galilei und Andrea zum Beispiel ist so umfangreich an Text nicht, dass er nicht anhand des Textbuches und mit Hilfe einer Studentin als Souffleuse im Verlaufe mehrerer Improvisationen komplett gelernt werden kann, zumal synchron der Untertext entwickelt wird.

Dieser Weg setzt organisch die bisherige Herangehensweise fort. Da der Untertext einzig und allein Sache des Schauspielers ist, bleibt es letztlich allerdings auch seine Entscheidung, wie er sich den Text aneignet. Studenten, die ihren Rollentext vorher auswendig lernen möchten und glauben, zur Improvisation des Handelns dennoch textlich »leer« auf die Bühne gehen zu können, sollten daran nicht gehindert werden.

Hier findet sich eine gewisse »Grauzone«, die so recht eigentlich gar keine ist; denn die Partitur, zu welcher der Rollentext gehört, ist sowohl in ihrer Entstehung, also beim Synchronisieren von Autorentext und Untertext, als auch in ihrer Handhabung während jeder Aufführung ureigene Angelegenheit des Schauspielers.

D.3d Die Partitur

Die Partitur hat zwei Funktionen: Sie hilft, gefundene Vorgänge, also Entwürfe, durch Wiederholungen zu fixieren und zu stabilisieren. Und sie ist das wichtigste Instrument für den Schauspieler, sein Bühnenhandeln zu steuern.

Schon gelegentlich haben die Studenten beim Wiederholen einer Improvisation erlebt, wie schwierig es ist, den soeben abgelieferten Entwurf auf der Bühne wieder ins Leben zu holen. Sie stellten fest, dass die Wiederholung unter Umständen ganz anders ausfiel, als sie sich das wünschten. Manchmal hatte der Entwurf sogar an Qualität und Differenziertheit verloren.

Wie lässt sich Stabilität in die Entwürfe bringen? Der Pädagoge macht den Studenten bewusst, dass – wie bei den Proben für ein Stück im Theater – gar nicht anders vorgegangen werden kann, als das einmal erreichte Arbeitsergebnis so oft zu wiederholen, bis der Regisseur findet, dass es für ihn stimmig ist. In der Ausbildung ist das einfacher zu bewältigen als später in der Praxis, aber für die Neulinge bereits kompliziert genug. Das Mittel für die Stabilisierung der Wiederholungen ist die Partitur.

Mit dem Begriff »Partitur« wird die Summe der Daten umschrieben, die dem Fixieren einer gefundenen Handlung dienen. Der Schauspieler erschließt sie sich auf dem Wege von der Improvisation zur Fixation seines sinnlich-praktischen Handelns. Die Partitur ist nicht übertragbar, sondern ganz und gar seine ureigene Angelegenheit. Und in ihr »Geheimnis« muss er nach und nach eindringen.

Der dramatische Text eines Autors legt als fixierte Vorgabe zunächst einmal nur die wörtliche Rede der Figuren fest. Das reicht nicht aus für den Schauspieler, wenn er nicht lediglich Text sprechen will. In den Dialogen, die zahllose Möglichkeiten von Figurenbeziehungen bergen, findet der Schauspieler über modellierende

Improvisationen gemeinsam mit dem Partner (der Gegenfigur) und mit Hilfe des Regisseurs die Abfolge der beredten Vorgänge. Und ein Mittel, diese Vorgänge für Wiederholungen festzuhalten, ist die Partitur. Als Gebilde innig miteinander verwobener Assoziationsbilder ist sie ganz und gar Sache des Schauspielers, bei ihm gespeichert, und nur lebendig im Kontext der jeweiligen materiellen Fakten des sinnlich-praktischen Bühnenhandelns.

Hier kommt auf anderer Ebene wieder ins Spiel, was der Student in den Vorübungen beim Herstellen der Assoziationskette trainiert hat. Dabei prägte er sich über eine Bild für Bild ersonnene kleine Geschichte eine Bilderkette ein. Die Assoziation des ersten Bildes löste die Assoziation des nächsten aus, und die dazu ersonnene Geschichte half, das Ganze zusammen zu halten, also die jeweils nächsten Bilder und damit das Wort wach zu rufen. Aufgabe dabei war, die Worte nicht mechanisch auswendig zu lernen, sondern die Geschichte mit konkreten Bildern auszustatten, so dass das Abrufen der Geschichte die Bilder und eben auch die Worte auslöst.

Bei der Arbeit mit modellierenden Improvisationen geschieht etwas Ähnliches, wenn auch weitaus komplizierter. Die Bilder entstehen in Bezug auf die Situationen und das Verhalten der Gegenfigur. Sie sind Ergebnis der Phantasie, ergeben sich aber vor allem aus den wechselnden Situationen. Diese bildhafte geistige Abfolge des sinnlich-praktischen, sozial konkreten mimetischen Handelns ist ein Strang der Partitur. Ein weiterer Strang, innig verschmolzen mit der Assoziationskette der Bilder, aber nicht identisch, ist der entstehende und schließlich fixierte bildhaft-plastische Untertext des Schauspielers. Ein dritter Strang ist der zu sprechende Text des Autors.

Es gibt kein Patentrezept für die Gewichtung der einzelnen Stränge. Funktionstüchtig sind sie nur in ihrer innigen Verquickung. Und jeder Schauspieler muss hier das für ihn ideale Verhältnis finden. Versteht er es, mit seiner Partitur zu arbeiten, so stellen sich bei ihm über sein Handeln auf der Bühne die Bilder der Partitur ein als eine ununterbrochene Kette von realen Daten (Aktionen der Gegenfigur, Wechsel der Dekoration, Feuerwehrmann in der Kulisse usw.) sowie fiktiven Daten (Untertext) und Text.

Anders formuliert: Der Schauspieler schaltet, sobald sich der Vorhang zur Vorstellung hebt, sein Gehirn von »privat« um auf

»Partitur«, die nun die Steuerung seines Bühnenhandelns übernimmt. Die in den Wiederholungen der Spielentwürfe gefertigte
Partitur dient also Abend für Abend der geistigen Steuerung des
Schauspielers auf der Bühne. Oder, um das Umschalten von »privat« auf »Partitur« als ästhetisches Phänomen noch präziser zu fassen: Zur Vorstellung minimiert ein Schauspieler per Regler »privat«
und zieht die »Partitur« des zu spielenden Stückes voll auf.

Eine gut erarbeitete Partitur erlaube es ihm – so erzählte mir ein
ehemaliger Absolvent und inzwischen prominenter Künstler –, sein
Textbuch nach der Premiere wegzuwerfen, weil sich ihm in der Aufführung über die Partitur auch der Sprechtext immer wieder ein-
stelle.

D.3e Mimetische Spiellust

Die komplizierte, anfangs ungewohnte Beschäftigung mit Autoren-
texten kann die Spiellust der Studenten zunächst etwas zügeln.
Nachdem die Studenten anhand der kurzen Begebenheit aus Bertolt
Brechts »Leben des Galilei« das Auffinden der Vorgänge kennen gelernt und die spielerische Orientierung hinsichtlich der Beredsamkeit trainiert haben, werden nun die Vorgänge einer Szene Arbeits-
gegenstand (und damit auch die Partitur). Geeignet hierfür sind
solche Stücktexte, die von realistischer Unmittelbarkeit sind und
deren Figuren Verwandlung fordern, aber den Studenten noch
nicht zu fremd sind.

Als Möglichkeit sei hier »Bitterer Honig« von Shelagh Delaney
empfohlen. Schon in einem frühen Stadium des Seminars sollten
die Schauspielschüler zum Lesen des Stückes aufgefordert werden.
Gelegentlich kann ein Meinungsaustausch stattfinden, in dessen
Verlauf die Studenten gefragt werden, welche Rollen und Szenen sie
interessieren. Spiel- und Partnerwünsche werden festgehalten.
Außerdem werden folgende Aufgaben verteilt: Mit der Zeit beschäftigen, in der das Stück spielt; mit der Autorin; mit Entsprechungen
in der bildenden Kunst; mit Fotos zur Handlungszeit. Auch soll versucht werden, die Fabel des Stückes aufzuschreiben. Die Studentin-
nen fertigen Figuren-Analysen von Jo und Helen, die Studenten
von Peter, Geoffrey und dem Freund. Außerdem sollten die Studen-

ten zu den Vorgängen, die sie spielen möchten, das »Was?« ausfindig machen und sich notieren.

So vorbereitet startet die letzte Etappe des Improvisations-Seminars. Je nach Vorbereitung der Studenten, die meist sehr unterschiedlich und nicht selten mäßig ausfällt, wird zunächst das Material zur Kenntnis genommen, das zusammengetragen wurde. Haben sich alle Studenten gründlich vorbereitet, muss behutsam gekürzt werden, um alsbald zum Spielen übergehen zu können. Erfüllt von der vermittelten Anschauung gehen die Studenten in die Improvisationen.

Um die mimetische Spiellust wach zu halten, wird auf den Text der Autorin zunächst noch verzichtet. Es werden vielmehr mögliche Vorgeschichten zu den ausgewählten Figuren und Szenen improvisiert. Beispiele: Wie könnten sich Helen und Peter kennen gelernt haben? Wie verhalten sich Helen und Peter, wenn sie sich eindreiviertel Jahr kennen? Was passiert, wenn die beiden alleine sind? Die Spielergebnisse dieser Improvisationen werden daraufhin befragt, welche Merkmale den Figuren als charakteristisch zugeordnet werden können. Die Antworten werden anhand neuer Improvisationen (Entwürfe) auf ihre Brauchbarkeit untersucht.

Sobald genügend mimetisches Material für die Figuren erkundet worden ist, beginnen die Improvisationen der Szenen, für die man sich entschieden hat. Zu empfehlen ist, zunächst auch diese Varianten mit eigenem Text der Studenten zu spielen, aber möglichst getreu die von der Autorin vorgegebenen Vorgänge. Sehr bald wird in den Wiederholungen – die ja immer konkretere Fixierungen sein sollen – sichtbar werden, dass die notwendige Differenzierung der Figuren zu wünschen übrig lässt und der genaue Autorentext nötig wird.

Dazu wird jetzt übergegangen. Entweder, indem die Studenten mit nun gelerntem Text, aber »leer«, also naiv auf die Bühne gehen, als würden sie den Text nicht kennen. Oder, indem Vorgang für Vorgang improvisiert und in den konkretisierenden Wiederholungen nach und nach der Text gelernt wird – ein Ablauf, der synchron mit dem Entwickeln des Untertextes erfolgt und im Ergebnis zur Partitur führt.

Der Pädagoge wird auf offene Ohren bei den Studenten stoßen, wenn er ihnen bei der Gelegenheit klar macht, dass sie in ihrem weiteren Studium immer wieder vor dem Problem stehen werden, entweder mit gelerntem Text in die Szene zu gehen oder sich den Text während der Proben anzueignen. Und er wird ihnen empfehlen, sich für beide Wege fit zu halten, weil die Dozenten, mit denen sie in Zukunft arbeiten werden, unterschiedliche Forderungen stellen.

D.4   Das Spielen von Szenen

Das Spielen von Szenen der Weltdramatik beginnt in der Regel im 2. Semester des 1. Studienjahres. Für jeweils etwa sechs Wochen werden Arbeitsgruppen von zwei bis vier Studenten gebildet, die mit einem Pädagogen zwei, drei Szenen aus einem Theaterstück erarbeiten.

Dieser Schritt ins so genannte Szenenstudium bedeutet für viele Studenten zuweilen einen Bruch in der Ausbildung, da sie von heute auf morgen ganz anders arbeiten müssen. Im Extremfall sehen sie sich einem Schauspieler mit Lehrauftrag gegenüber, dem die Ausbildungsmethode der Schule im Grunde gleichgültig ist und der Forderungen stellt, die aus der Sicht der Studenten alles bisher mühselig Gelernte über den Haufen werfen. Das führt zwangsläufig immer wieder zu Konflikten.

Natürlich sind die leitenden Pädagogen einer Schule gut beraten, wenn sie Schauspieler, die extrem konträr arbeiten, nicht beschäftigen. Die Arbeit »Schauspielen« ist stets eine Herausforderung, und immer auch abhängig von aktuellen Entwicklungen der Dramatik. Und in dieser Hinsicht sind die Praktiker unter Umständen kompetenter. Doch eine Schauspielschule ist kein Experimentier-Theater!

So günstig es ist, dass sich an einer Schule junge Schauspieler als Regisseure versuchen und sich weiterentwickeln, Schauspielschüler aber dürfen nicht zu ihren Versuchskaninchen werden. Dennoch sind Studenten, die an einen profilierungssüchtigen Jung-Profi geraten und Schwierigkeiten haben, gut beraten, sich erst einmal den ungewohnten Anforderungen zu stellen und sie in ein produktives Verhältnis zu dem bislang Gelernten zu setzen. Die Konstellation ist zwar neu für die Studenten, wird sie aber ihr Leben lang begleiten.

Sie werden immer wieder auf Regisseure treffen, die extrem anders arbeiten, als sie gewohnt sind.

Grundsätzlich dient das Spielen der Szenen – von oben benannten Ausnahmen abgesehen – der weiteren Erprobung des bislang angeeigneten schauspielerischen Rüstzeuges, der allmählichen Ausprägung der Schauspieler-Persönlichkeit und dem Kennenlernen der Weltdramatik.

D.4a Den Pädagogen selbst aussuchen?

Weil es hinsichtlich des methodischen Grundverständnisses zwischen Pädagogen und Studenten gelegentlich Schwierigkeiten gibt, hat sich an einigen Schulen die Praxis entwickelt, Studenten ihre Pädagogen selbst aussuchen zu lassen. Was zunächst als großer Vorzug erscheint, ist im Grunde jedoch nur ein Ausweichen vor den objektiven Problemen.

Zunächst einmal ist davon auszugehen, dass ein Lehrerkollegium die Ausbildungsmethode, die es an der Schauspielschule praktiziert, auch streitbar vertritt. Und dass es alles dafür tut, in immer wieder frischer und schöpferischer Auseinandersetzung sowohl neue interne als auch neue externe Dozenten auf diese Methode einzuschwören. Dies gelingt nicht durch Verordnungen, sondern durch überzeugende Arbeit derer, die erfolgreich an der Schule wirken. Ist dies erreicht, bildet sich im Kreise der Pädagogen ein Urteil zu jedem Studenten. Und meist ergibt sich daraus recht eindeutig, welcher Dozent mit den einzelnen Studenten aus welchem Grund welche Szenen arbeiten sollte. Das heißt, das Lehrerkollegium ist mit Sicherheit kompetenter hinsichtlich der Entwicklungsprobleme des Studenten als dieser selbst. Insofern ist davon abzuraten, dass die letztlich noch unerfahrenen Studenten ihre Pädagogen selbst aussuchen.

Gewährleistet muss allerdings sein, dass der Student Wünsche hinsichtlich seiner Ausbildung artikulieren kann. Beispielsweise kann es geschehen, dass ein Student, der ob seines Talentes mehrmals als Zugpferd für Kommilitonen eingesetzt wurde, den Eindruck gewinnt, er könne sich dadurch nicht genügend entwickeln. Hier erweist sich als sinnvoll, in regelmäßigen Abständen Gespräche mit den Studenten zu führen, in denen sie Probleme in Bezug auf ihre Entwicklung offen aussprechen.

Bei der Gelegenheit können übrigens auch Wünsche hinsichtlich der Pädagogen vorgebracht werden. Denn es kann trotz aller pädagogischer Umsicht geschehen, dass ein Student just nie zu dem Dozenten kommt, mit dem er gerne einmal arbeiten möchte. Dem Wunsch kann entsprochen werden. Oder es kann sein, dass sich ein Student für ein komisches Talent hält, doch an der Schule nie komisch besetzt wird. Ihm wird man Gelegenheit geben, sich auszuprobieren.

Entwicklungsgespräche gehören unbedingt zu einer guten Wegbereitung durch das Lehrerkollegium. Aber das entscheidende Moment ist natürlich die Auswahl der Rollen.

D.4b Auswahl der Rollen

Die Entwicklung des Studenten wird im Wesentlichen durch die Auswahl der Rollen vorangebracht. Dabei ist den Studenten ein Mitspracherecht einzuräumen, doch Verantwortung und Entscheidung bleiben bei den Pädagogen. Und dort zunächst einmal bei denjenigen, die für das jeweilige Studienjahr eine Mentorschaft übernommen haben. Sie sind es, die mit Vertretern der Studenten die nächsten Szenenstudien vorbereiten.

Konkret bedeutet das, für möglichst jeden Studenten eine Rolle zu finden, die eine für ihn förderliche neue Aufgabe darstellt. Im Szenenstudium geht es stets um Rollenausschnitte; noch wird nicht das gesamte Stück inszeniert, sondern in der Regel zwei, drei Szenen daraus. Nicht immer sind Besetzungen möglich, die jedem Studenten maximal dienen. Zuweilen muss man sich schon im Szenenstudium mit Nebenrollen bescheiden.

Grundsätzlich jedoch geht es darum, mittels der ausgewählten Rollen dem Studenten zu helfen, seine schauspielerische Individualität weiter auszuprägen. Nicht nur, dass ihm die Besonderheiten seines Handelns als sein ureigenes Vermögen immer bewusster werden, auch deren Entwicklung sollte ihm begreifbar werden. Dies passiert, indem er sich mit Rollen, also mit menschlichem Verhalten auseinandersetzen muss, das seiner eigenen Lebenssituation nahe ist

und zugleich dazu herausfordert, über diese Situation hinauszu-
gehen.

Das kann durchaus von therapeutischem Wert sein. Wenn ein
Student Schwierigkeiten hat, sein Leben in den Griff zu bekommen, können unter Umständen Rollen hilfreich sein, die das Ein-
und Unterordnen eines Menschen in gesellschaftliche Verhältnisse
zum Thema haben. Das Spielen einer Figur zum Beispiel, die unter
schwierigen Bedingungen und möglicherweise unvorbereitet Verantwortung übernimmt und ihr gerecht zu werden versucht, kann
beim Studenten Impulse wachrufen, die dann auch im Alltag wirksam werden.

Eine solche psychologische Wechselwirkung ergibt sich aus dem
Umstand, dass stets eine bestimmte Identifizierung mit der Figur
stattfindet. Der Schauspieler ist zwar nicht die Figur, er spielt sie
nur, aber er handelt in ihrem Sinne. Zwar fiktiv, also nicht real,
doch auf der Bühne in lebendiger Unmittelbarkeit. Insofern kann es
immer sein, dass bestimmte Zwänge auf der Bühne denen ähneln,
in welchen der Schauspieler in seinem Alltag steckt, und dass not-
wendiges Handeln auf der Bühne auf die Lebensweise des Schauspielers abfärbt.

Grundsätzlich aber sollte an einer Schule die Auswahl der Rollen
nur im Ausnahmefall therapeutischen Zwecken dienen. Es geht
nicht um das psychodramatische Ausleben verborgener psychischer
Befindlichkeiten des Studenten, sondern darum, dass er sich diesen
fremden Menschen öffnet und sich Möglichkeiten erschließt, ihnen
Gestalt zu geben.

Und es ist auch noch nicht Ziel des Szenenstudiums, eine bestimmte Figur der Weltdramatik, etwa Karl Moor oder Hamlet,
schon sozusagen gültig zu kreieren, sondern sich ihr anzunähern. So
seltsam der Vergleich anmuten mag: Mit der Auswahl der Rollen
wird der Student gleichsam an immer schwierigere Turngeräte gestellt, die er zu meistern versuchen muss.

D.4c   Vom Solisten zum Ensemble

Zuweilen wird in der Ausbildung zu wenig beachtet, dass der Schritt vom solistischen Spiel in den Einzel-Improvisationen hin zum Spiel im Ensemble für den Studenten ein wesentliches Mehr an Aufmerksamkeit erfordert. Oft schleichen sich dabei Oberflächlichkeiten ein, weil der Student sich allein gelassen und gezwungen sieht, irgendwie zurecht zu kommen. Erst allmählich lernt er, mit drei, vier Gegenfiguren umzugehen.

Unter diesem Aspekt haben die Studenten einen gewissen Vorteil, die bereits im Improvisations-Seminar – trotz aller Ungenauigkeiten – schon einmal ein »Was?« in der Masse improvisieren mussten: Boulevard, Bahnsteig, Kassenhalle. Wesentlich ist, in solcher Situation die eigene Aufmerksamkeit nicht unnötig zu zersplittern. Also sich zwar wach zu halten für die Gesamtsituation, aber auf ein, zwei Gegenfiguren in der Nähe zu konzentrieren – zur Stabilisierung des eigenen Verhaltens.

Im Szenenstudium bietet die Arbeit an einem Monolog Gelegenheit, sich solistisch auszuprobieren. Aber der Monolog bleibt der Einzelfall, das Spiel im Ensemble, also die Auseinandersetzung mit mehreren Gegenfiguren wird die Regel. Das Entwickeln des Untertextes und das Aufbauen der Partitur bekommt einen weit komplexeren Charakter als bisher. Dies hängt auch mit dem »Spielplan« an den Schauspielschulen zusammen.

Im 1. Studienjahr steht die Auseinandersetzung mit realistischer zeitgenössischer Dramatik auf dem Lehrplan, solistisch und im Ensemble. Zunächst geht es um eine Szene, alsbald um zwei, drei Szenen. Diese sollten mit den Erfahrungen der Studenten korrespondieren, einen überschaubaren Verlauf der Fabel haben sowie klare Vorgänge und Drehpunkte. Bei aller Alltäglichkeit der Vorgänge sollte ein allgemein gültiger Kern in ihnen zu entdecken sein, wobei Realisten wie Brecht in der Regel ausgesprochenen Naturalisten vorzuziehen sind und der literarische Anspruch als weitere Schwierigkeit noch niedrig gehalten werden sollte.

Im 2. Studienjahr erfolgt die Hinwendung zur deutschen Klassik, zunächst zur Prosa, dann zum Vers. Shakespeare steht an, außerdem die Komödien der Weltliteratur.

Ab dem 3. Studienjahr ist die Auswahl multipel, von der Antike bis zur Gegenwart, entsprechend der jeweiligen Entwicklungssituation der Studenten.

Natürlich kann nicht die gesamte Weltdramatik ausgeschritten werden. Und wenn ein Student in einer der Auswertungen der Szenenstudien anmerkt, noch nie einen bestimmten Dichter, der ihn bewegt, ausprobiert zu haben, ist zu prüfen, wie weit dem entsprochen werden kann. Möglicherweise findet man einen Monolog und kann ihn terminlich unterbringen.

D.5 Der methodisch günstige Weg

Die Szenenstudien sind das eigentliche Schauspieltraining. Sie werden – wie schon erwähnt – von unterschiedlichen Dozenten betreut. Die Studenten lernen also die verschiedensten »Regie-Handschriften« kennen. Und Kriterium für die Richtigkeit des Vorgehens eines Pädagogen ist in der Regel nicht, welche Methode er anwendet und wie er die Studenten handwerklich fordert, sondern was als sichtbares Ergebnis nach sechs Wochen auf der Bühne präsentiert wird.

Nur im Ausnahmefall, wenn das Ergebnis wirklich schlecht war und dies offenkundig nicht am Studenten liegen kann, wird nach der Arbeitsweise des Pädagogen gefragt werden. Je nachdem, welche Wertschätzung der betreffende Kollege genießt, wird das Kollegium die Sache abwägen und einen Rat geben. Aber es wird kaum eine Diskussion zu grundsätzlichen methodischen Fragen anstreben.

Dennoch sollte auch im Szenenstudium nach dem methodisch günstigen Weg gefragt werden. Zwar gibt es Sonderfälle, etwa wenn ein Pädagoge zum »Aufbrechen« eines Talentes ungewöhnlich vorgeht und beispielsweise dem Studenten drastisch vorspielt. Die Regel sollte jedoch sein, dass sich die Studenten nicht alle sechs Wochen zu grundsätzlich anderer Arbeitsweise gezwungen sehen. Dies erreicht der Dozent mit einer methodischen Annäherung an die Szenen, die anknüpft an das handwerkliche Vermögen, das im Improvisationsseminar kennen gelernt und trainiert wurde.

Methodisch günstig ist des Weiteren, wenn durch das Vorspielen der Szenenstudien vor Pädagogen und Studenten aller Studienjahre die Entwicklung des Schauspielschülers öffentlich abläuft, nämlich an den einzelnen Arbeitsergebnissen fest gemacht werden kann, die der Student alle sechs Wochen abliefert.

Die jeweiligen Ausbildungsergebnisse werden ausgewertet, um die nächsten Schritte pädagogisch bestmöglich angehen zu können. Dabei spielt das Urteil desjenigen Pädagogen, der mit dem Studenten gearbeitet hat, eine wesentliche Rolle. Vor allem muss er mitteilen, ob das Vorspielen den erreichten Arbeitsergebnissen entsprach oder ob Leistungsschwankungen zu beobachten waren. Seine Einschätzung, die in der Regel der Debatte vorauszuschicken ist, wird zu den Eindrücken in Beziehung gesetzt, die von den Kollegen vorgetragen werden.

Eine umstrittene Frage bleibt, ob die Auswertungen nur im Kreise der Lehrkräfte oder besser in großer Runde, also im Beisein der Studenten, stattfinden sollten. In der Regel wird offener über die Situation eines Studenten gesprochen, wenn er nicht anwesend ist. Dann steht man allerdings vor dem Problem, dass ihm eine Quintessenz der Auswertung unterbreitet werden muss. Das sollten unbedingt erfahrene Pädagogen übernehmen, denn oft ergeben sich Rückfragen und die müssen erlaubt sein. Da Geheimniskrämerei absolut schädlich ist, sollten die Auswertungen zuweilen in Anwesenheit der Studenten durchgeführt und ihnen Mitspracherecht eingeräumt werden. Im großen Kreis wird zwar anders argumentiert, nicht alles ausgesprochen, einiges nur angedeutet, aber bei guter, feinsinniger Leitung insgesamt ein Klima erzeugt, das für Ensemblearbeit erzieht.

In dieser Hinsicht ausgesprochen ungünstig ist es, wenn die jeweilige Lehrkraft neben der offiziellen Auswertung mit ihren Studenten noch eine besondere Auswertung beim Bier in der Kneipe durchführt. Das ist bei den Studenten sehr beliebt, hilft gegebenenfalls Verletzungen und Wunden zu heilen, öffnet aber intrigantem Verhalten Tür und Tor, wenn pädagogische Grundsätze außen vor bleiben.

Nach der Auswertung findet ein Wiederholungs-Vorspiel statt, in dem sich zeigt, wie weit die Studenten bereits in der Lage sind, Kritik für ihr Spiel produktiv zu machen. Im Anschluss an dieses Wiederholungs-Vorspiel werden die neuen Szenenstudien beraten, also die Arbeit mit neuen Rollen, neuen Partnern und meist neuen Aufgabenstellungen für jeden einzelnen Studenten.

D.5a Material für die Szene sammeln

Im ersten Szenenstudium wird in der Regel eine Szene einstudiert, die noch keine zu komplizierten Anforderungen stellt. Also nach Möglichkeit eine Szene aus einem Stück, das in der Gegenwart spielt und deren Figuren von den Studenten relativ wenig Verwandlung verlangen. Die Szene sollte kräftige Auseinandersetzungen beinhalten, klare Situationen, gut erfassbare Drehpunkte und möglichst überschaubare Vorgänge.

Doch auch an ein solches Stück muss sich die Studiengruppe gemeinsam mit dem Pädagogen erst einmal heranarbeiten. Allein die unterschiedliche Herkunft und Lebenserfahrung der Studenten führen zu individuell anderen Einschätzungen des Stückes und vor allem Wertungen der Figuren.

Zunächst ist über Stück und Autor zu sprechen. Es hängt vom Dozenten ab, in welcher Ausführlichkeit dies geschieht. Auf alle Fälle ist ein hohes Maß an Übereinstimmung anzustreben, auch hinsichtlich der Szene, die gespielt werden soll. Dazu gehört eine Verständigung über die sozialen Verhältnisse, in denen das Stück spielt, und in welcher Weise die Menschen, also die Figuren, diesen Verhältnissen ausgeliefert sind. Ob sie sich ihrer Lage bewusst sind, sie hinnehmen, nach Auswegen suchen. Auch ist zu klären, welches Verhalten klar erkennbar und wann und inwiefern es widersprüchlich ist.

Sobald markante Daten ins Gespräch kommen, Details über Motive und Verhalten der Figuren, die als Spielmaterial geeignet scheinen, sollten sie notiert werden. Am besten macht das jeder Student für seine Figur gesondert. Außerdem sollten zu den Figuren aufkommende Fragen festgehalten werden, insofern sie von Belang sind.

Zunächst kann aus dem möglichen Lebenskreis der Figuren improvisiert werden, was bezeichnend, was charakteristisch für sie sein könnte. Welche Erlebnisse zum Beispiel könnte eine Figur gehabt haben, bevor sie in die Situation kam, in der sie sich nun befindet? Mit wem hatte sie Kontakt und warum? Was nimmt sie hin? Wogegen wehrt sie sich? Welche Gründe könnte sie für ihr Verhalten haben? Vor-Improvisationen zur Beantwortung solcher Fragen können noch relativ unbeschwert und mit eigenen spontanen Texten der Studenten gespielt werden. Von Fall zu Fall mag es notwendig sein, auch Improvisationen zur besonderen historischen Situation zu spielen, in der sich die Figuren befinden. Immer geht es darum, gestisches Material auszukundschaften und damit gleichzeitig auf die Figuren und die konkrete Szene neugierig zu machen.

Auf diese Weise entwickelt sich, nicht nur rein theoretisch am Tisch, sondern schon materiell sichtbar auf der Bühne, eine gewisse Vorstellung von den Figuren. Jeder Student steht bei der Frage nach dem »Wer?« seiner Figur nicht mehr bei Null, sondern verfügt über plastische, bildhafte Vorstellungen und über praktisch probierte Verhaltensmuster. Sein »Wer?« ist also bereits angereichert, wenn er nun nach dem »Was?« fragt und die beredten Vorgänge zu improvisieren beginnt.

Das »Was?« ist auf bekannte Weise zu erkunden. Und selbstverständlich ist auch nach »Warum? Wozu? Wie? Wo? Wann?« zu fragen. Je genauer die Antworten ausfallen, desto konkreter werden sich die Vorgänge herstellen lassen.

Zum Sammeln des Materials kann durchaus gehören, dass es notwendig wird, zusätzliche Daten über das »Wo?« zusammenzutragen; zum Beispiel dann, wenn sich herausstellt, dass dem Bühnenbild zu wenig Aufmerksamkeit geschenkt wurde. Hat die Studiengruppe dies vernachlässigt, gilt es dies nachzuholen. Es kann durchaus ein Gewinn sein, wenn das Bühnenbild aus dem bereits improvisierten Geschehen entsteht.

Ziel ist es, die beredten Vorgänge der Szene ausfindig und mittels modellierender Improvisationen überzeugend und nachvollziehbar sichtbar zu machen. Noch geht es nicht um besondere Interpretationsleistungen, sondern schlicht um Verwandlung in andere Menschen mittels des vorgegebenen Textes eines Autors.

D.5b Bereichern des Spiels

Der schauspielerische Prozess des Fixierens der Entwürfe, also des Festhaltens der gefundenen Handlung durch ihre Wiederholung, verlangt nun nach Bereicherung des Spiels und damit der Figuren. Das heißt, es geht fortan in den Wiederholungen der erzielten Ergebnisse zwar um Fixierung, zugleich aber darum, die gefundenen

Vorgänge zu differenzieren und deren Widersprüchlichkeit plastisch zu machen. Und es gilt, das Bild der Figuren der Sicht des Autors immer näher zu bringen. (Eine Figur der wahrscheinlichen Intention des Autors zu entfremden, steht als Verfahren im 1. Studienjahr nicht zur Debatte.)

Allerdings ist schon das Verlebendigen der Figuren auf der Bühne, wie sie der Autor gemeint haben könnte, eine Frage der Interpretation und bedarf der schrittweisen Annäherung über Entwürfe. Wenn das bisherige Vorgehen beibehalten, also nachahmend improvisiert wird, erkundet der Student das Handeln der Figur, deren Aussagen und Motive anhand der Daten des Textes. Und was im Gefüge des Handelns jeweils als beredter Vorgang angesehen wird, ist keine Frage der Auslegung, sondern eine des objektiven Sachverhaltes.

Wenn Faust seinen Pakt mit Mephistopheles schließt, wenn Gretchen Fausts erstes Werben abweist, wenn Hamlet seines Vaters Geist auflauert, wenn Ferdinand Gift in den Becher gibt – die Vorgänge sind klar und lassen sich nicht in ihr Gegenteil verkehren. Es zählt indessen zum schöpferischen Reichtum der Schauspielkunst, wie die Schauspieler die Vorgänge spielen.

Der Student erlebt, dass Handlungen, Empfindungen und Regungen in ihm stecken, die er vorher nicht ahnte. Und dass Beobachtungsmaterial, das er für eine Figur nutzen will, äußerlich bleibt, wenn er innere Entsprechungen bei sich nicht zu mobilisieren vermag. Das gelingt ihm am organischsten, wenn eine Figur wirklich seine Erfindung ist, seine Schöpfung in einer Improvisation. Dann nämlich ist sie im besten Sinne »sein Produkt«, nicht äußerlich angelegt, sondern kreativ mimetisch entstanden. Es macht ihm keine Mühe, sich mit ihr zu identifizieren. Vielleicht sogar erstaunt bemerkt er, dass große Gefühle in ihm schlummern, dass Karl Moors Fanatismus der Gerechtigkeit in ihm steckt, dass ihm die Langeweile des Büchnerschen Leonce liegt, dass ihm das überschwängliche Pathos Ferdinands gelingt, dass er die schneidende Kälte eines Franz Moor darstellen kann.

Ein elementares Mittel zur Bereicherung des Spiels ist das bewusste, gezielte Arbeiten mit den Widersprüchen einer Figur. Also beispielsweise durch Ironisierung der Worte und Sätze das Handeln einer Figur als fragwürdig darzustellen. Über dieses Moment der

Verfremdung einer Figur wird noch zu sprechen sein. Hier geht es zunächst einmal nur darum, bewusst zu machen, dass der Schauspieler stets die Möglichkeit hat, sich voll mit dem Anliegen seiner Figur zu identifizieren oder sich von ihr zu distanzieren. Auf diese Weise wird das Spiel bereichert, insbesondere, wenn sich der Spieler in einer Hinsicht mit der Figur identifiziert, in anderer aber distanziert.

Wobei natürlich die Widersprüchlichkeit einer Figur mit einer Szene eines Stückes nicht ausgeschöpft, das Mittel also zunächst nur in Ansätzen ausprobiert werden kann. Aber sobald brauchbare Entwürfe wahrscheinlichen Handelns improvisiert und bis zu einem bestimmten Grade auch fixiert sind, und dabei eine gewisse Einförmigkeit der Figur konstatiert wird, sollte ganz zielstrebig erkundet werden, wie sie durch Widersprüche angereichert werden könnte. Dabei geht es grundsätzlich um Widersprüche, die sich aus dem Text ableiten lassen. Die Analyse des Textes ist Voraussetzung, aber tatsächlich gemacht, ausgelotet werden müssen sie in den Improvisationen.

Ein Bühnenheld wie Karl Moor beispielsweise kann seinem Fanatismus für Gerechtigkeit mit lauterem Edelmut frönen, im Umgang mit seiner Räuberbande aber kleinmütig herrisch sein. Eine Figur wie Hamlet kann demonstrativ neue Wittenbergische Vernunft ausstrahlen, im Umgang mit Ophelia aber auffällig unvernünftig sein. Stets geht es dabei nicht um einfache Polaritäten, sondern um Reichhaltigkeit. Weder Karl Moor noch Hamlet sind mit den hier konstatierten Gegensätzen spielerisch ausgeschöpft.

Von gewisser ästhetischer Ignoranz zeugt der Versuch, bei einer Figur Widersprüche zu etablieren, die ihr aufgezwungen werden, die sich also nicht folgerichtig aus dem Text ergeben. Das ist dann nicht unbedingt eine Bereicherung des Spiels, kann es aber effektvoll machen.

D.5c   Bewerten der Figuren

Jeder Mensch hat seine Ansichten über das Leben, so auch der Schauspieler. Und jede spielerische, über Improvisationen sich ergebende Annäherung an eine Figur ist a priori auch ein Prozess des

Bewertens. Es scheint also, als bedürfe, was sowieso in die spontanen mimetischen Abbilder einfließt, keiner besonderen Mühe. Und in der Tat, man kann sich mit simplen Abbildungen zufrieden geben, in welche die Wertung des Schauspielers bloß zufällig eingeflossen ist, mit Abbildungen also, die nur für sich selbst sprechen. Solche Abbildungen erheben sich nicht aus der Alltäglichkeit, sind mehr ein allgemeines Bild der Wirklichkeit denn zugleich ein besonderes der Kunst.

Der Versimpelung und Profanierung des Schauspielens tritt der Schauspieler entgegen, indem er bewusst bewertet, was er spielt. Nicht zufällig betonte Bertolt Brecht, dass man ohne Auffassungen und Absichten keine Abbildungen machen kann. Das Problem sei anhand seines Schauspiels »Leben des Galilei« erörtert.

Galilei, der bedeutende Wissenschaftler des Mittelalters, hatte am 22. Juni 1633 vor der Inquisition der katholischen Kirche seine Entdeckung und Lehre widerrufen, dass die Sonne sich nicht um die Erde, sondern die Erde sich um die Sonne dreht. In Brechts Stück, in dem der Dichter bekanntlich Galileis Leben angesichts der Bedrohung durch die Atombombe zum Symbol für die Verantwortung der Wissenschaftler gegenüber der Menschheit machte, kommt es zur berühmten Schlüsselszene, in der Galilei über die Bedeutung der Wissenschaft und die Verantwortung der Wissenschaftler spricht und abschließend erklärt: »Ich habe meinen Beruf verraten. Ein Mensch, der das tut, was ich getan habe, kann in den Reihen der Wissenschaft nicht geduldet werden.« Damit verurteilt sich Galilei selbst, und er wird von Brecht verurteilt.

Wie ist das zu spielen? Was heißt das für das Verhalten der Figur? Manche Schauspieler sprechen die relativ lange Erklärung des Helden und insbesondere deren vernichtende Quintessenz, ohne dass der Zuschauer gezwungen wird, sich dazu ins Verhältnis zu setzen. Dann tendiert das Publikum dazu, das Verhalten des Wissenschaftlers nicht kritisch zu beurteilen, sondern verständnisvoll.

In dieser Frage hatten Ernst Busch, der den Galilei spielte, und sein Regisseur Bertolt Brecht unterschiedliche Auffassungen. Brecht wünschte, dass der Schauspieler ein klar distanziertes Verhalten zu Galilei in seinem Spiel zeigt. Er forderte, dass sich der Akteur in diesem Punkt nicht mit dem Wissenschaftler identifiziert, so dass auch der Zuschauer zu kritischer Distanz bewogen wird. Denn Galileo

Galileis Widerruf vor der Inquisition, sein offener Verrat der wissenschaftlich bewiesenen Entdeckung also, sei nicht zu entschuldigen.

Ernst Buschs Wertung war eine andere. Er spielte durchaus Galileis Feigheit vor den »Instrumenten« der Inquisition. Er spielte, wie der Wissenschaftler am Leben hing, wie er zum Beispiel gern gut aß. Insbesondere aber spielte er die Pfiffigkeit des Galilei, zwar zu widerrufen, sich damit aber am Leben zu erhalten und sich zu ermöglichen, insgeheim an den »Discorsi« zu arbeiten und diese dann sogar verbreiten zu lassen. Ernst Busch, der große Sänger und Schauspieler des Proletariats, der im Kampf gegen den Faschismus am eigenen Leibe erlebt hatte, was Gefängnis und Folter bedeuten, wusste, wie lebenswichtig es sein konnte, im entscheidenden Moment Kompromisse schließen zu können. Er kritisierte Galilei mit seinem Spiel, aber er verurteilte ihn nicht, er hatte Verständnis für ihn. Und er wollte, dass das Publikum seine Meinung teilte.

Je nachdem, welche Anschauung über die Welt, über Gesellschaft und Leben den Schauspieler bewegen, bringt er seine Bewertungen der Figur ein, unter Umständen offen oder stillschweigend den Wünschen des Regisseurs entgegengesetzt. Selbstverständlich geht es dabei, das wird auch an obigem Beispiel deutlich, nicht um simples gut oder böse, schwarz oder weiß, sondern um die Entdeckung und Aufdeckung der wesentlichen Widersprüche in den Figuren, sowohl in deren Handeln als auch in den daraus hervorgehenden Verhaltensweisen.

Eine Methode, die prädestiniert dafür ist, Bewertungen der Figuren einzubringen, ist die Verfremdung.

D.5d Verfremden der Figuren

Unter »Verfremden« ist das Verfahren zu verstehen, eine Figur, einen Vorgang auf der Bühne auffällig zu machen. Ein simples Beispiel aus dem Alltag: Ein bislang unauffälliger, als Stein des Anstoßes immer wieder Ärger erregender Bordstein an der Straße wird verfremdet, also auffällig gemacht, indem man ihn rot/weiß anstreicht. Das ist das ganze Geheimnis. In der Schauspielkunst ist die Sache allerdings ein wenig komplizierter, allein schon deswegen, weil von vielen Praktikern zwischen »Verfremden« und »Entfremden« kein Unterschied gemacht wird.

Seit es Brauch wurde, Theaterstücke nicht mehr in der Zeit und der Gesellschaft zu spielen, in welcher der Autor sie angesiedelt hat, geschieht oft auf der Bühne, was am besten mit »Entfremdung« umschrieben wird: Die Figuren werden mehr oder weniger aus ihrem sozialen Umfeld gelöst und in einen abstrakt-zeitlosen Kunstraum verpflanzt. Markantes Beispiel dafür ist Robert Wilsons Inszenierung des von Peter Handke übersetzten Lesetextes »Die Krankheit Tod« der Französin Marguerite Duras 1988 an der Berliner Schaubühne.

So umständlich wie langatmig wurde ein schizophrener Fall erörtert. Ein Mann liebt nicht, obwohl er nächtelang die Wollust einer Frau erfährt, die er im Übrigen gekauft hat. Geschlechtliche Lust und menschliche Liebe fallen in den saturierten Kreisen einer maroden Gesellschaft auseinander. Soziale Hintergründe jedoch bleiben ausgeblendet. Marguerite Duras konstatiert lediglich, dass dieses Nicht-lieben-Können eine Krankheit sei, die sie Tod nennt.

Robert Wilson (Regie, Bühnenbild und Licht) stylte dazu einen Theaterabend von elitärem Ästhetizismus. Gefühlloses, zeitlupenartig gegliedertes Posieren zweier hehrer Gestalten. Keine Obszönitäten. Klinische Sauberkeit. Das Lotterbett war ein von unten weiß beleuchtetes keusches Rechteck auf dem Bühnenboden. Die Örtlichkeit irgendwo am Meeresstrand wurde mit pastellfarbenen Flächenkompositionen abstrakt markiert. Das Licht wechselte behutsam oder abrupt zwischen hell und dunkel, zwischen da und dort. Die computergesteuerte Bühne überraschte mit Details. Die zwei Gestalten waren plastisch herausgeleuchtet. Die männliche Erscheinung (Peter Fitz), in streng geschlossenem Mantel, wandelte in gravitätischer Starre, den Blick gewichtig in die Ferne gerichtet, gelegentlich mit dem Mund hektisch-nervös Beißbewegungen vollführend, eine Hand verkrampft, die andere bedeutungsschwanger geführt. Die weibliche Erscheinung (Libgart Schwarz), ausstaffiert mit langer Schleppe und schulterfreiem Kleid, war etwas leichter zu Fuß. Auch sie mit starrem, demonstrierendem Gehabe, aber weich in den Bewegungen und mit betont sanfter Stimme. Beide Gestalten zelebrierten unendlich einfältige Posen, salbaderten den Text in der dritten Person. Manchmal kamen sie sich näher, berührten sich jedoch nicht. Dergestalt die Figuren ihres sozialen Daseins zu berauben, ein drastisches Mittel des »Entfremdens«, macht sie armselig und einförmig.

Im Gegensatz dazu steht der Versuch, soziale Bezüge zu verschärfen, sie beispielsweise mittels Dekoration, Kostümierung und Verhalten in die Gegenwart zu holen. Solch ein Bemühen kommt dem nahe, was Brecht unter »Verfremdung« verstand. Als Beispiel sei hier Peter Zadeks Inszenierung des »Kaufmanns von Venedig« von Shakespeare am Burgtheater Wien aus dem Jahre 1988 genannt.

Zadek spielte Gegenwart, hartes, raues Geschäft vor der Glasfassade eines Geschäftshauses (Bühnenbild Wilfried Minks). Für einen Moment irritierte die zeitgenössische Kleidung der smarten Herren vom Kapital. Ihre branchennahe Agilität mit Köfferchen oder Zeitung stand befremdlich im Widerspruch zum alten Text, den sie sprachen, obwohl der von Elisabeth Plessen geschickt ins Heute transferiert worden war.

In Ignaz Kirchners Darstellung erschien Antonio nicht als kühner Kaufmann von Venedig, sondern als ein taktierender, offenbar immer knapp am Ruin vorbeischlitternder Unternehmer unserer Tage. Bei Zadek war Antonio also kein Sieger, sondern ein gerade noch einmal Davongekommener. Alleingelassen stand er am Ende einsam im Trubel der Liebespaare, verunsichert, ratlos, nervös auf der Zigarre kauend (siehe dazu auch E.4 »Über das Auslegen der Fabel«). Zadeks Zeit-Klitterung holte die Vorgänge heran und machte Shylocks erzwungene Christianisierung vor dem Hintergrund der aktuellen Rassen- und Glaubenskriege zu einem Menetekel.

Die sozusagen klassische Formel des Verfremdens ist die des epischen Theaters Bertolt Brechts. Er wünschte, dass der Schauspieler sich nicht mit seiner Figur identifiziert, sondern diese seinen Zuschauern zeigt. Unterstützt werden kann diese Spielweise, indem der Schauspieler deutlich aus der Rolle tritt und beispielsweise einen Song einschiebt. Viele andere Mittel noch sind möglich, Identifizierung zu verhindern. Kommentare zum Spiel können eingesprochen oder plakatiert werden. Immer geht es darum, bestimmte Vorgänge auf der Bühne ihrer Alltäglichkeit, ihrer Gewöhnlichkeit zu entziehen und sie auffällig als etwas Besonderes vorzuführen.

Brecht wollte einen objektiv gegebenen Widerspruch des Schauspielens einseitig betont wissen. Den Widerspruch nämlich, dass der Schauspieler auf der Bühne real spielt und fiktiv handelt. Im Sinne Brechts sollte der Schauspieler auffallend zeigen, dass er spielt, und damit das Handeln verfremden. In der Praxis erwies sich, dass nur wenige Schauspieler dieses Aufsplitten ihres organischen Spiels bewältigten.

Die Methode des Verfremdens ist heute geradezu zu einer Notwendigkeit geworden. Dem leidenschaftlichen Pathos eines Karl Moor kann nicht mehr kritiklos gefolgt werden. Das Einzelgängertum eines Wilhelm Tell ist durchaus kritisch zu hinterfragen. Das heißt, Aktion und Gegenaktion von Bühnenfiguren sind aus heutigem Verständnis menschlichen Handelns zu bewerten und diese Bewertungen ohne Vergewaltigung der Figuren auffällig zu machen. Dabei hat der Schauspieler viele Möglichkeiten, seine Haltung, seine Meinung zur Figur mehr oder weniger distanzierend oder identifizierend einzubringen. Während das Bewerten der Figuren und ihres Handelns relativ unauffällig ins Spiel einfließt, geschieht das Verfremden bewusst als Auffälligmachen. Bis zu einem gewissen Grade kann das schon vom Autor vorgegeben sein. Als Beispiel sei hier Samuel Becketts »Warten auf Godot« erwähnt.

Die Figuren des Stückes entziehen sich bekanntlich der Frage, wer gemeint sei. Der Autor selbst hatte erklärt, wenn er es wüsste, hätte er es gesagt. So bleibt großer Spielraum für Auslegungen, für Bewertungen, für Verfremdungen. Relativ schnell allerdings wird klar, dass die beiden Hauptakteure, die Vagabunden Wladimir und Estragon, irgendwo warten; sie warten auf Godot, ein ihnen unbekanntes Wesen.

Was lässt sich spielen? Da ist zunächst die Variante, die beiden Hauptakteure als abgelebte, resignative, Nihilismus verbreitende alte Männer darzustellen, die bereits ein trauriges Leben lang vergebens auf den mysteriös-jenseitigen, aber nie erscheinenden Godot gewartet haben. Oder – eine andere Möglichkeit – Wladimir und Estragon sind zwei junge, recht mobile Landstreicher, offenbar arbeitslos, aber noch ungebrochen, noch voller Hoffnung. Sie vertreiben sich die Langeweile nicht, als wären sie in einer Endzeitsituation, sondern legen eine durchaus etwas gewollt wirkende, frühlingshafte »Konjunkturlaune« an den Tag. In ihren Ahnungen wird Godot zu einer Art Boss, der ihnen möglicherweise einen Job vermitteln könnte. Ihr Verhalten ist von abgrundtiefer, tragikomischer

Naivität. In beiden Varianten wird beim »Was?« vor allem auf »Warten« gesetzt, insofern findet eigentlich keine Verfremdung statt.

Eine geradezu genial verfremdende Variante indessen ist, Estragon und Wladimir ihre Zeit tatenlos »verspielen« zu lassen, so 1988 inszeniert von Siegfried Höchst an der Berliner Volksbühne. Zwei Menschen verspielten so ahnungs- wie tatenlos ihre Zeit. Das ist der hintersinnige wie frappierende philosophisch-kritische Pfiff dieses der Commedia dell'arte entwachsenen Beckettschen Narrengaudis. Mit albernem Schabernack, mit drollig-sentimentalen Spielchen vertrieben sich Wladimir und Estragon, gelegentlich eine gestohlene Rübe futternd, die Langeweile in der Hoffnung, dass Godot kommt und ihnen den Sinn des Lebens offenbart. Das Tragikomische ihrer Situation ist, dass Godot, dass Rettung, dass Antwort, solange sie nur herumspielen, solange sie nicht produktiv handeln, nie kommen wird. Stattdessen erscheint Pozzo, der gnadenlose Ausbeuter und Menschenschinder.

D.5e   Der soziale Gestus

Jeder Schauspieler – auch der nun schon bereits geübte Student – kommt beim Ausloten seiner Figur – bei ihrer Bereicherung durch Widersprüche, beim Bewerten ihres Verhaltens, beim Auffälligmachen durch Verfremdungen – früher oder später an einen Punkt, an dem er glaubt, alle Möglichkeiten ausgereizt zu haben. Er wird unzufrieden, sinnt auf Abhilfe und setzt auf Effekte. Das wiederum kann zur Manier werden und sollte vermieden werden.

Zur Manier kann allerdings auch der Versuch eskalieren, den sozialen Gestus einer Figur zu etablieren. Und zwar dann, wenn ein bestimmtes Gehabe, das man für sozial determiniert hält, einer Figur aufoktroyiert wird. Im ärgerlichsten Falle bewegen sich die Figuren dann wie soziale Marionetten und sind auf soziale Typen reduziert, auf Bauer, Arbeiter, Kapitalist usw.

Indessen ist es eine äußerst reizvolle schöpferische Aufgabe, den sozialen Gestus einer Figur zu finden und zu spielen. Diese Herausforderung macht das Schauspielen opulent, da der Mensch auf der Bühne nicht nur als ein biologisches Wesen der Natur ausgegeben wird, sondern bewusst als ein soziales Wesen der Gesellschaft gezeigt wird. Nicht nur die innersten Regungen der Seele sind als Gegenstand ästhetischer Widerspiegelung von Belang, sondern auch die Eigenheiten körperlicher Bewegung und Äußerung, die das Leben einem Menschen aufprägt.

Wie können diese Eigenheiten gefunden werden? Genaue Beobachtungen von Menschen sind Voraussetzung. Ihren sozialen Gestus tragen sie nicht offen und ablesbar zur Schau. Es bedarf des kundigen Blicks, eines wissenden Betrachters, um im Verhalten der Menschen gesellschaftliche Bezüge zu entdecken. Mit zunehmender Erfahrung indessen wird immer besser und auch schneller sichtbar, wieso sich ein Mensch in bestimmten Situationen so und nicht anders verhält.

Simples Beispiel: Wer eine Ware verkauft, in einem Geschäft, auf dem Markt, zeigt ein gestisches Verhalten des Verkaufens mit bestimmten Haltungen (Höflichkeit, Freundlichkeit, Zuvorkommenheit usw.) gegenüber dem potentiellen Kunden und bestimmten Haltungen (Sorgfalt, Umsicht, Eleganz usw.) gegenüber der Ware. Die Merkmale sind jeweils für sich genommen unauffällig und alltäglich – spielerisch mimetisch eingebracht kristallisieren sie zum sozialen Gestus.

E. Ausblick in die Praxis

E.1 Lebendiger Austausch

Der Blick in die Praxis richtet sich aus der Perspektive einer Schule zwangsläufig und logisch zunächst einmal auf Theater am Ort, letztlich aber notwendigerweise auf alle theaterästhetischen Prozesse im In- wie im Ausland, die für Entwicklungen der Schauspielkunst von Bedeutung sein könnten. Denn schließlich erfolgt die Ausbildung in Hinsicht auf die Theaterpraxis, und wenn sie sich von dieser isoliert, entlässt die Schule Homunkuli der Schauspielkunst, die niemand engagiert. Ist die Ausbildung jedoch auf das Wesen des Schauspielens hin orientiert, müssen die Befürchtungen nicht groß sein, dass der Nachwuchs am lebendigen Theater vorbei produziert wird.

Als Stanislawski vor über hundert Jahren um das schöpferische Wesen des Schauspielens rang, stand er unter dem Zwang, Schauspieler auf den Markt zu bringen, die fit waren für die psychologisch feinsinnige Dramatik Tschechows. Darüber hinaus sollten sie dann plötzlich auch den didaktischen Stücken gerecht werden, die im Zuge der Revolution in Russland auf die Bühnen kamen. In Deutschland hatte Gerhart Hauptmanns Naturalismus dominiert, zuweilen überzogen mit »Nazi-Barock«. Nach 1945 zunächst Zuckmayer, Weisenborn. Dann Bertolt Brecht. An dessen dialektisch-epischer, verfremdender Spielweise kam auch die Ausbildung schließlich nicht mehr vorbei.

Wie stellt sich die Situation heute dar? Es ist ohne Zweifel wenig sinnvoll, jeder Modeerscheinung zu huldigen, die sich in der Theaterszene etabliert. Andererseits ist die Kenntnis der Handschriften führender Regisseure und neuer Stücke oft gespielter zeitgenössischer Dramatiker unverzichtbar. Indessen scheiden sich meist die Geister bei der Frage, wer als »führend« gelten könnte. Heiner

Müller zum Beispiel, so umstritten er war, blieb für Schauspieler wie Regisseure eine echte Herausforderung – und die Ausbildung konnte ihn nicht ignorieren.

Einen wirklich prägenden Regisseur oder Dramatiker gelegentlich zu Gast zu haben, gehört zum guten Ruf einer Schule. Aber das subjektive Urteil eines anerkannten Souveräns des Theaters muss nicht gleich dazu führen, bewährte Praktiken und Methoden der Ausbildung über Bord zu werfen. Insbesondere dann nicht, wenn sie erwiesenermaßen auf dem Wesen der Schauspielkunst beruhen.

Die beste Garantie für lebendigen Austausch mit der Praxis ist das zeitweilige Beschäftigen von Schauspielern, die an einem Theater engagiert sind und dort abends ihre Vorstellung spielen. Existiert ein methodensicheres Lehrerkollegium, so können die sich immer wieder einmal ergebenden notwendigen Reibungen letztlich produktiv gemacht werden und sind hoffentlich nicht verletzend.

Eine andere Problematik ist die konkrete Vorbereitung der einzelnen Studenten auf die Praxis. Optimal gelingen kann das natürlich auch nur bei guter Kenntnis der Bedingungen an den Theatern.

E.2 Wahlrollen

Mit dem Begriff »Wahlrollen« werden Rollen bezeichnet, die sich die Studenten selbst ausgewählt haben und die sie in selbständiger Arbeit einstudieren. Studenten, die sich hinsichtlich bestimmter Rollen – komisch oder tragisch – nicht richtig besetzt fühlen oder die mit einem bestimmten Dichter eigene Erfahrungen machen möchten, ist damit die Möglichkeit gegeben, individuelle Vorstellungen unter Einbeziehung der Öffentlichkeit der Schule zu realisieren.

Pro Semester findet ab dem 2. Studienjahr ein solches Wahlrollen-Vorspiel statt. Der Student hat Zeit, sich im Laufe des Semesters mit der Rolle zu beschäftigen und daran zu arbeiten. Gelegentlich treffen sich Studenten zu gemeinsamer Szene. Das Vorspiel vor Pädagogen und Studenten aller Studienjahre wird ausgewertet, in der Regel gemeinsam mit den Studenten des jeweiligen Studienjahres. Ihnen werden Ratschläge erteilt und von Fall zu Fall wird empfohlen, in dieser oder jener Hinsicht weiter daran zu arbeiten.

Mit den Wahlrollen trainieren die Studenten in gewisser Weise, was sie später in ihrem Beruf immer wieder auf sich nehmen müssen, das Vorspielen vor den Chefs des Theaters, an das sie engagiert werden möchten. Im 3. und 4. Studienjahr gut gelungene Wahlrollen können durchaus auch für die Bewerbung als Absolvent ins Auge gefasst werden.

E.3 Studio-Inszenierungen

Ein wichtiger Schritt in Richtung Theaterpraxis sind die Studio-Inszenierungen, sie sind Ausbildungsinhalt des 4. Studienjahres. Dies setzt voraus, dass eine Schule über ein eigenes kleines Theater verfügt. Dort während der Theatersaison einen regelrechten Spielbetrieb zu etablieren, schafft ideale Bedingungen der Annäherung an die Praxis.

Gelegentlich übrigens übernehmen Studenten schon in früheren Studienjahren Gastrollen an Theatern. Ein Engagement zu solch frühem Zeitpunkt ist für die Ausbildung nicht unbedingt günstig (Ausfall von Unterricht an der Schule wegen Proben am Theater), wohl aber für das Theater, weil der Student in der betreffenden Rolle wenigstens zwei, drei Spielzeiten zur Verfügung steht und nicht umbesetzt werden muss. Für den Studenten ist ein solcher Einsatz am Theater – außer einem finanziellen Zubrot – nicht unbedingt ein Gewinn. Abhängig ist dies von vielen Faktoren, vom Stück, von der Rolle, vom Regisseur. Auf jeden Fall aber bringt es Praxiserfahrung. Ähnlich verhält es sich bei der Übernahme einer Filmrolle. Das bringt die Studentin oder den Studenten möglicherweise landesweit ins Gespräch, kann aber den Ausfall eines ganzen Ausbildungssemesters bedeuten und ist in jedem Falle gründlich zu beraten.

Mit den Inszenierungen am eigenen Studiotheater der Schule steht nicht nur das Training von Ensemblearbeit unter pädagogischer Obhut ins Haus, sondern auch und insbesondere die Begegnung mit dem Zuschauer. Das Publikum bleibt aus, wenn nicht gutes kommunikatives Theater gespielt wird.

Worin besteht gutes kommunikatives Theater? Die Antwort ist so abend- wie bücherfüllend. Letztlich wird man sich einigen, dass reger Besuch einer Aufführung und lebhafte Anteilnahme der Zuschauer gültige Kriterien sind. Und Anteilnahme kommt in der Regel nur dann zustande, wenn die Zuschauer nicht vor Rätsel gestellt werden, sondern verstehen können, was auf der Bühne geschieht. Wird ihnen auf dem Theater eine Geschichte, ein Konflikt zwischen Menschen, nachvollziehbar erzählt, identifizieren sie sich mit den Gestalten, leiden sie mit ihnen, fühlen sie mit ihnen, wehren sie sich unter Umständen gegen deren Entscheidungen. Wenn das obendrein vergnüglich geschieht, nicht belehrend, aber informierend, aufklärend, warnend, tröstend, ein wenig Hoffnung machend und Impulse gebend, ist die nobelste Funktion des Theaters erfüllt.

Dabei spielen die beredten, nämlich die der Fabel dienenden Vorgänge eine entscheidende Rolle. Gelingt es den Schauspielern, in den widersprüchlichen Aktionen und Gegenaktionen der Figuren das jeweils dominierende Handeln sichtbar zu machen, kristallisieren sie in ihrem Spiel die Fabel heraus. Die Fabel eines Stückes, darüber bestand von Aristoteles bis Brecht Übereinstimmung, ist die Seele des Dramas, ist das elementare Transportmittel für die poetische Idee einer Theateraufführung. In den Studio-Inszenierungen besteht Gelegenheit, den Umgang mit der Fabel zu trainieren.

E.4 Über das Auslegen der Fabel

Die Fabel unterliegt der Auslegung – abhängig davon, welche Erfahrungen der Künstler im Leben gemacht hat und welchen Standpunkt er dazu einnimmt. Selbst wenn er von sich behauptet, völlig »ideologiefrei« zu sein, fließen Daten in seine Abbildungen ein. Meist jedoch bemühen sich Regisseure sehr bewusst darum, eine bestimmte Aussage zu machen. Insofern könnten zur Weltdramatik ganze Interpretationsgeschichten geschrieben werden.

Das ästhetische Phänomen sei an Shakespeares »Kaufmann von Venedig« demonstriert (siehe dazu auch unter D.5d »Verfremden der Figuren«). Die antisemitische Instrumentalisierung des Stückes in der Nazizeit ist bekannt. Noch lange Zeit nach 1945 schien es undenkbar, das Drama aufzuführen, weil es durch den Missbrauch belastet war, weil Shakespeare nach wie vor etwas angelastet wurde, was ihm nicht zuzuschreiben ist. Ein unvoreingenommenes Lesen der Fabel indessen fördert zu Tage, dass das Stück Shylock keineswegs diffamiert.

In der Epoche der ursprünglichen Akkumulation des Kapitals waren der Kaufmann und der Finanzmann Vertreter neu aufkommender ökonomischer Interessen, welche die politischen Kräfteverhältnisse im feudalabsolutistischen Staat störten. Ihre wucherischen Finanzpraktiken forderten humanistische und plebejische Kritik heraus, und Shakespeare machte sich zum Sprecher solcher Kritik. Mit seinem Schauspiel, das er um 1596/98 nach alten Quellen schrieb, polemisierte er gegen den Wucher und verteidigte die Menschenwürde. Er führte zwei Rivalen vor, die, obwohl im fernen Italien beheimatet, seinem Londoner Publikum wohl vertraut waren: Antonio, den auf den prosperierenden Welthandel setzenden Kaufmann von Venedig, und Shylock, den durch Geldverleih nach dem puritanischen Motto »Gewinn ist Segen« reich gewordenen Juden.

Den Streit der rivalisierenden Geldleute band der Dichter ein in ein bizarres Geschehen, dessen komisch-heiterer Grundton den historischen Optimismus der Renaissance aufklingen lässt und dessen erbarmungslose, tragische Konsequenz auf die Gnadenlosigkeit künftiger Ausbeutungsverhältnisse verweist. Bassanio, ein Edelmann, durch verschwenderischen Lebenswandel mittellos, hat von der reichen und schönen Erbin Portia erfahren, die auf Belmont nahe Venedig ein luxuriöses Leben führt. Um bei ihr als Freier akzeptiert zu werden, bittet er den befreundeten Kaufmann Antonio um Geld. Doch der hat just seine gesamte Barschaft in Waren investiert, die, auf Schiffen verladen, reichen Gewinn heimbringen sollen. Selbstbewusst rät er Bassanio, sich auf seinen Namen Geld zu borgen.

Des Dichters dramaturgische Fügung will es, dass dem Bassanio ausgerechnet der Jude über den Weg läuft. Shylock, bisher von den Christen gedemütigt und bespieen, hält die Gelegenheit für günstig, einen Wandel herbeiführen zu können, wenn er der Bitte nachkommt. Keinen Heller Zins will er für dreitausend Dukaten nehmen, sondern, nur zum Spaß, ein volles Pfund vom Fleische Antonios, wenn der in drei Monaten nicht zahlungskräftig sein sollte. Ein »lustiger Schein«, im Hause des Notars ausgestellt, soll das Geschäft besiegeln, mit dem Shylock Antonios Freund zu werden hofft. Das allerdings ist des Juden tragischer Irrtum.

Eben diesen tragischen Irrtum setzte Thomas Langhoff 1985 am Deutschen Theater in Berlin mit Akribie in Szene. Ihn unterstützte Pieter Hein, sein Bühnenbildner, der das »geschäftige« Venedig und das »idyllische« Belmont der Portia nicht simpel gegenüberstellte, sondern beide Spielorte durch eine in dunklem Rot gehaltene, das englische Globe-Theatre assoziierende stilisierte Logen-Bühne ineinander fügte.

In Langhoffs Auslegung ist der Konflikt zwischen dem Kaufmann Antonio und dem Wucherer Shylock ein historisch bedingter, zu dieser Zeit normaler Konkurrenzkampf zwischen unterschiedlich mächtigen Geldleuten. Aber auch die hasserfüllte Attacke Antonios und seiner Freunde, schmarotzender Tagediebe der vornehmen Gesellschaft, gegen den von vornherein als böse verleumdeten einsamen Juden ist zeitbedingt und wird von den damaligen Gesetzen gedeckt. Shakespeare interessierte sich für die mit Handel und Wucher aufkommenden Rechtsauffassungen; im »Kaufmann von Venedig« lässt er diese — sozusagen komisch verfremdet — von einer Frau vertreten und auslegen. Die der Jurisprudenz kundige, als Mann verkleidete Portia hilft dabei, den Juden grausam zu erpressen und »rechtmäßig« zu berauben.

Wie sehr hat Shylock gehofft, mit seinem Angebot und insbesondere mit dem »lustigen« Schuldschein den Zwist aus der Welt schaffen zu können! Er konnte nicht ahnen, dass Antonio zum gegebenen Zeitpunkt so gut wie pleite sein würde. Unerwartet gerät er also in eine für ihn kritische Lage.

Es war in der Langhoff-Inszenierung das große Verdienst des Darstellers, dass diese Widersprüche der Fabel wie der Figur klar ablesbar wurden. Fred Düren, der den Shylock am Deutschen Theater gab, polte die Figur zwischen Sehnsucht und Erschütterung. Da betrat ein rüstiger, nervig-wendiger, kluger Mann die Bühne, von misstrauischer Unruhe getrieben, nervös mit der gekrümmten Hand am Rock nestelnd. Angesichts des unerwarteten Wunsches nach finanzieller Hilfe überwältigte ihn Zuversicht. Fast übermütig forderte er das Pfund Fleisch. Er war ohne Arg in diesem Moment, vertraute Antonios Geschäften. Er wollte die Verständigung. Mit der Ungewöhnlichkeit seiner Forderung glaubte er, den potentiellen Partner von seiner guten Absicht zu überzeugen. Als ihm aber zur bitteren Gewissheit wurde, dass die Clique um Bassanio seine Tochter Jessica entführt hat, begrub er seine Hoffnung. Noch war sein Frohlocken angesichts der unerwarteten Zahlungsunfähigkeit seines Gegners scheu, geradezu selbstkritisch, dann nahm er notgedrungen den Kampf auf. Düren denunzierte die Figur nie, gab keinen auf Rache Versessenen, sondern einen in der eigenen, sich abgerungenen Hartnäckigkeit gefangenen, zutiefst erniedrigten und doch aufrechten Menschen. Diesem Shylock zitterte die Hand, er würde nicht zustoßen.

Der Kaufmann, gespielt von Dietrich Körner, war von renaissancehaft riesigem, ruhigem Selbstbewusstsein und mannhaftem Stolz. Als er Shylock schließlich mit des Gesetzes Kraft gnadenlos zum Christentum zwingt, geschieht das wie selbstverständlich. Inzwischen wieder vermögend, steht Antonio am Schluss des Stückes herausfordernd in der Mitte der Bühne – mit solcherart freundlichem, letztlich eiskalt handelndem Emporkömmling wird die Welt zukünftig zu rechnen haben …

So vermag ein Regisseur mit der Auslegung der Fabel ein Stück substantiell gleichsam neu zu entdecken. Über Peter Zadeks Versuch am Burgtheater Wien, mit dem Stück aktuelle soziale Widersprüche zu spiegeln, wurde bereits an anderer Stelle geschrieben. Beide Varianten haben ihre Gültigkeit, beide Regisseure setzten ihre Inszenierungen in ein produktives Verhältnis zu Zeit und Gesellschaft.

F. Exkurs zum Film

F.1 Domäne der Selbstdarsteller

Der Film ist die Domäne der Selbstdarsteller. Das beginnt bei den hübschen 17-Jährigen mit guter Figur und losem Mundwerk und endet bei den gestandenen Stars mit zerfurchtem Gesicht und originaler Persönlichkeit. Dazwischen müht sich zuweilen ein anerkannter Theaterschauspieler und wundert sich über – wie ihm scheint – boshafte Kritiken, er spiele mit zu viel mimischem Aufwand. Den Vorwurf handelt er sich ein, weil er sich vor der Kamera immer wieder in die Figur verwandeln will, die ihm vorschwebt. Eigentlich ist aber nur sein Typ gefragt.

Für eine Rolle in einem Film auserwählt zu werden, setzt voraus, als Schauspieler bestmöglich der Vorstellung des Regisseurs zu entsprechen, die dieser von der zu besetzenden Figur hat. Fällt die Entscheidung für einen im Filmgeschäft routinierten Selbstdarsteller, hat dieser – zugespitzt formuliert – zuweilen nicht mehr zu tun, als seine Gestalt und deren Eigenart optimal einzubringen.

Entscheidet sich ein Regisseur für einen ausgemachten Fremddarsteller, hat dieser seine liebe Not, unter den natürlich, selbstverständlich und locker spielenden Selbstdarstellern nicht als einer aufzufallen, der ständig »theatert«. Wenn ihm die Fremddarstellung hervorragend gelingt, kann ihm das allerdings durchaus zum Lobe gereichen; denn er bringt eigenwillige Farbe und Originalität in den Streifen ein.

In der Regel allerdings ist für theatralische Kabinettstückchen von ausgesprochenen Fremddarstellern im Film nicht Raum. Der Regisseur modelliert mit dem Typ, den er besetzte, die Figur, die er sich vorgestellt hat. Nicht von ungefähr klagt die französische Schauspielerin Ludivine Sagnier, im Filmgeschäft liefere man sich den Wünschen des Regisseurs aus.

F.2   Extra-Ausbildung?

Bedarf es für den Film einer Extra-Ausbildung des Schauspielers? Die Antwort ist klar: Wer solid für die Bühne ausgebildet ist, besteht auch vor der Kamera.

Selbstverständlich sind gegen spezielle Schulen für Film und Fernsehen keine Einwände zu erheben. Aber der Bewerber sollte gut prüfen, welche Struktur der Ausbildung ihn erwartet. Wenn er feststellt, dass die Schauspielstudenten dort im Grunde nur als Material dienen für die künftigen Regisseure und Kameraleute, die auch an der Schule unterrichtet werden, sollte er nachdenklich werden. Ein solches Manko ist nur dadurch zu kompensieren, dass darüber hinaus wirklich fundiert für die Bühne ausgebildet wird. Wenn aber der Unterricht im Wesentlichen darin besteht, für die angehenden Filmregisseure und Kameraleute das Gesicht richtig in die Kamera zu halten, ist Skepsis geboten.

Dass im Übrigen immer wieder junge Damen und Herren ohne Ausbildung ins Filmgeschäft einsteigen, hat die verschiedensten Gründe, die hier nicht im Einzelnen erörtert werden können. Rascher Erfolg hängt oft damit zusammen, dass der Film (übrigens auch das Fernsehen) immer wieder und immer häufiger neue Gesichter braucht. Und es kann schon ausreichend sein, wenn sich zum ansprechenden Antlitz eine originelle, selbstbewusste Persönlichkeit gesellt, die sich mit guter Diktion zwanglos vor der Kamera zu bewegen versteht. Wer sich also bei einem Casting behauptet hat, wer eine Chance im Film erhält, der sollte sie auch nutzen. Er wird in der Berührung mit den Profis alsbald spüren, dass er, so er die Ausbildung nicht nachholt, stets im Nachteil sein wird. Denn seine Jugendlichkeit, aufgrund derer er möglicherweise eingekauft wurde, wird ihm nicht ewig erhalten bleiben.

Anders der ausgebildete Schauspieler. Er verfügt, selbst wenn er immer wieder als ein bestimmter Typ besetzt wurde, über so viel Wandlungsfähigkeit im Sinne der Fremddarstellung, dass er mit fortschreitendem Alter auch andere, ihn fordernde Rollen angeboten bekommt. Hinsichtlich der Rollenangebote ist allerdings nicht nur der Bekanntheitsgrad sondern auch eine gute Agentur, der man sich verschrieben hat, wichtig.

Es ist jedoch kein Zufall, dass Schauspieler im Theater ihre eigentliche Heimat sehen und Wert darauf legen, immer wieder einmal an ein Theater engagiert zu werden. Der Filmstar Tom Hanks weist nachdrücklich darauf hin, dass nur das Theater der Ort sei, an dem man wirklich schauspielern, sich wirklich verwandeln könne.

F.3   Ingredienzien der Persönlichkeit

Der Filmdarsteller ist im fertigen Film zwar durchaus ein anderer Mensch als er selbst, in der Regel aber nicht, weil er sich äußerlich merklich verwandelte, sondern weil er seine eigenen, ganz besonderen Persönlichkeits-Ingredienzien für diesen anderen Menschen so ausdrucks- wie eindrucksvoll ins Geschehen einbrachte.

Was sind Ingredienzien der Persönlichkeit? Der Filmschauspieler Hugh Grant nennt drei wesentliche Aspekte: Gutes Aussehen, Charme und Humor. Wer sie vor der Kamera souverän ins Treffen zu führen versteht, empfiehlt sich für den Typ »charmanter, gut aussehender Mann mit gewinnendem Humor«. Kommen als weitere Ingredienzien beispielsweise Eitelkeit und eine gehörige Brise Arroganz hinzu, ist der Typ prädestiniert für eine ganze Reihe Filme.

Filmdarsteller mit einer bestimmten »Aura« bekommen von Regisseuren und Produzenten stets aufs Neue ähnliche Rollen angeboten. Begnadet begabte Darsteller indessen wehren sich instinktiv dagegen, immerzu gleich oder ähnlich besetzt zu werden. Oft schaffen sie es, nicht immer bloß sich selbst zu spielen, also den Typ, dem sie nahe sind, sondern auch ihnen im Wesen fremde Menschen. Ein solcher Schritt zu dann in der Regel bemerkenswerter Fremddarstellung gelingt Schauspielern meist mit fortschreitendem Alter. Tom Hengst sei hier als Beispiel genannt: Er wollte keine »Waschlappen« mehr spielen, sondern Männer, die harte Kompromisse eingehen müssen.

Selbstdarsteller wie Fremddarsteller stehen beim Film nicht etwa vor unterschiedlichen Aufgaben. Die Differenz liegt vielmehr darin, dass sie die jeweilige Aufgabe gemäß ihrer persönlichen Eigenart verschieden zu lösen versuchen. Während sich der Selbstdarsteller selbstverständlich und natürlich in der Filmkulisse bewegt und sie ohne Mühe als real, als Wirklichkeit nimmt, neigt der Fremddarsteller dazu, sie als fiktiv zu empfinden, als Theaterkulisse, und sich nicht locker wie in der Realität zu bewegen, sondern »spielend«. Da er als Schauspieler auf der Bühne grundsätzlich fiktiv handelt und real spielt, meint er, auch vor der Kamera fiktiv handeln zu müssen. Aber das sieht die Kamera! Sie lässt sich nicht beschummeln. Im Film ist der Schauspieler gefordert, real zu handeln!

F.4   Unterschiede zum Theater

Letztlich wird derjenige am besten vor der Kamera zurechtkommen, der sich – ob nun Selbst- oder Fremddarsteller – in der gegebenen Realität der jeweiligen Filmsequenz am natürlichsten zu bewegen versteht. Und das auf Anhieb, ohne szenischen und also auch psychologischen Vorlauf wie im Theater, wo Szene für Szene eines Stückes nacheinander geprobt und Abend für Abend gespielt wird.

Beim Film kann es passieren, dass die Dreharbeiten unter Umständen mit der Endsequenz begonnen werden. Ein Schauspieler, der einen Greis zu spielen hat, muss ihn möglicherweise darstellen, ohne dessen Lebensphasen – die später gedreht werden – durchlebt haben zu können. Das stellt eine außerordentliche Anforderung an Vorstellungskraft und Phantasie des Schauspielers dar und macht in jedem Falle eine gewissenhafte Vorbereitung erforderlich.

Am Drehtag kann es geschehen, dass die Aufnahme einer Sequenz so oft wiederholt werden muss, bis der Regisseur (und gegebenenfalls der Kameramann) sie für gelungen hält. Während also am Theater zur Abendvorstellung eine Szene genau so abläuft, wie es sich in dem Moment ergibt, und auch nicht unterbrochen wird, wenn sie höchst ungenau gerät, muss beim Film jede Kleinigkeit auf den Punkt stimmen. Die Schauspieler bei einer solchen Tortur bei Laune zu halten, ist eine der wichtigsten Aufgaben des Regisseurs.

Je nach den Produktionsbedingungen wird in der Regel an einem bestimmten Handlungsort nacheinander alles gedreht, was dort im Verlaufe des Films geschieht. Unter Umständen kann es also vorkommen, dass ein Darsteller am Morgen des Drehtages dort als Herr X zu sterben hat, wo er am Nachmittag als Herr X Hochzeit feiert. Und erst danach wird an anderen Drehorten geprobt und aufgenommen, was dem Herrn X zwischen Hochzeits- und Todestag an Liebe und Kummer widerfährt. Eine solche, dem Lebens-

ablauf der Figur nicht analoge Abfolge der Szenen stellt hohe Anforderungen an den Schauspieler.

F.5   Am Ende geht es immer um die Wahrheit

Einem Schauspieler kann widerfahren, dass er in einer bestimmten
Spielsituation auf der Bühne an einer Stelle zu stehen kommt, von
der aus er – ob er will oder nicht – einen freien Blick in die Seiten-
bühne hat, wo sich Kollegen und Bühnenarbeiter aufhalten und
sich die Zeit vertreiben. Diesen ist möglicherweise völlig gleichgültig, was ihr Kollege auf der Bühne arbeitet. Und obwohl der
Schauspieler sieht, wie sich hinter der Kulisse beispielsweise intime
Kontakte entwickeln, darf er sich nicht ablenken lassen, sondern
muss vorne auf der Bühne für das Publikum konzentriert seinen
Part spielen.

In einer ähnlichen Situation kann sich auch ein Filmdarsteller
befinden. Auf ihn ist die Kamera gerichtet, für sie muss er spielen.
Aber hinter der Kamera steht außer dem Kameramann allerhand
Personal, Leute, die Kabel halten, Scheinwerfer bedienen usw. Die
tun ihre Arbeit korrekt, doch das hindert den einen oder anderen
nicht, just in der Nase zu popeln, wenn der Star des Films zwar in
die Kamera, aber eben zugleich auf ihn blickt – und großes Gefühl
zu spielen hat.

In solchen Momenten – ob auf der Bühne oder vor der Kamera
– helfen nur Arbeitsdisziplin und Beherrschen der schauspielerischen Technik. Der Schauspieler muss fähig sein, unter allen Umständen der Wahrhaftigkeit seines Spiels die Treue zu halten.

Niemand ist der Wahrheit völlig gewiss. Doch in der Kunst, also
auch im Film, kann man ohne sie nicht auskommen. Nicht ohne
das Streben, ihr zu dienen, nicht ohne das Bemühen, ihr auf der
Spur zu sein. Das beginnt bereits bei der Auswahl der Rollen. Zwei-
fellos hat der Anfänger kaum eine Wahl und nimmt möglicherweise
erst einmal jede Rolle an. Aber schon bei der Realisierung der kleins-
ten Aufgabe während der Dreharbeiten, selbst wenn er von der
Kamera nur am Rande ins Bild genommen wird, sollte er um Wahrhaftigkeit seines Spiels bemüht sein. Dem ausgebildeten Schauspieler wird dies nicht schwer fallen. Anders mag es denjenigen ergehen,

die ohne Ausbildung ins Geschäft gekommen sind. Ihnen entfährt schon einmal der Stoßseufzer: »Wenn die Kamera auf mich gerichtet ist, habe ich Selbstmordgedanken!«

Für Schauspieler sollte die Wahrhaftigkeit ihres Spiels oberstes Kriterium sein. Das beginnt bei der alltäglichen oder historischen Glaubwürdigkeit der Geschichte, die mit dem Film erzählt werden soll. Ein Darsteller sollte in seiner Entscheidung für oder gegen eine Rolle darauf den größten Wert legen. Denn wenn er seine Figur überzeugend gestalten will, muss er an sie glauben, um sich mit ihr identifizieren zu können.

Ein Drehbuch kann in diesem Sinne inspirieren. Dennoch sind unter Umständen Gespräche mit dem Regisseur nötig sowie gründliche Recherchen. Meist reichen bislang gemachte Beobachtungen nicht aus. Die aus der Realität bezogenen Daten müssen zum Drehbuch in Beziehung gesetzt und aufkommende Fragen müssen geklärt werden. Denn wenn die Dreharbeiten beginnen, sollte der Schauspieler dem Drehbuch vertrauen, sowohl dem Text als auch den Ideen, die vermittelt werden sollen.

In der Arbeit mit seinen Kollegen muss der Schauspieler wie auf der Bühne fähig sein, die Gegenfigur wahrzunehmen und ihr zuzuhören. Vom Partner müssen Impulse aufgenommen werden, ebenso von den Requisiten, die im Film unter Umständen »riesige Spielzeuge« sein können. Die Rolle, also die Figur, ist gleichsam aus den Dingen, den Merkmalen, den Aspekten zu entwickeln, welche die Geschichte erzählen helfen. Der Schauspieler hält sich an seiner Technik fest, an der kurzen Partitur, die er während der Proben einer Filmsequenz für sich entwickelt.

Auch beim Filmen wird am sinnvollsten von außen nach innen gearbeitet. Der Unmittelbarkeit und Authentizität dient es, wenn der Regisseur die Situation mit dem Schauspieler vor dem Drehen erörtert. Dann muss der Text nicht vorher ausprobiert sein, sondern kann wie in einer Improvisation mimetisch entstehen. Der Schauspieler muss wissen, was er sagt, ehe er den Text lernt und in seine Partitur einfügt. Entscheidend ist die äußere Darstellung der Figur, ihr Umgang mit anderen Menschen und mit sich selbst. Die Kamera sieht weit mehr Details, als der Schauspieler zunächst meint. Ihm tut es daher gut, wenn ihn der Regisseur glauben macht, dass alles, was er spielt, sein eigener Einfall ist. In der Regel werden – wie bereits erwähnt – einzelne Sequenzen mehrmals gedreht. Erst im Studio beim Schneiden des Films wird vom Regisseur, vom Cutter, von der Produktionsleitung, vom Geldgeber endgültig entschieden, welche Variante genommen wird. Die Schauspieler haben darauf grundsätzlich keinen Einfluss. Es sei denn, sie sind selbst zu Produktionschefs avanciert.

»Am Ende geht es immer um die Wahrheit«, sagte Tom Hanks einmal in einem Interview – sowohl um die Wahrhaftigkeit der Geschichte, die mit einem Film erzählt wird, als auch um die Glaubwürdigkeit der Darsteller. Und selbst der härteste Profi muss vor der Kamera sein möglicherweise übersteigertes Ego zurückführen können auf schlichte Wahrhaftigkeit.

Der Anfänger indessen, der zwar solide ausgebildete, aber engagementlose Schauspieler, dessen Persönlichkeit sich noch nicht in außergewöhnlichen Aufgaben bewähren und festigen konnte, der noch wartet und auf die Filmrolle hofft, die ihn bekannt machen wird – er hat zunächst keine andere Wahl, als Durchhaltevermögen an den Tag zu legen ...